Daniel Schneider

Momente für die Ewigkeit

Fußball. Leben. Glaube.

Daniel Schneider

MOMENTE FÜR DIE EWIGKEIT

Fußball. Leben. Glaube.

Brendow.
Verlag | Alles, was Sinn macht!

Für meine drei großartigen Patenjungs
Luca Elias, Daniel und Joel.
Dank euch hat der Fußball in Deutschland
weiterhin eine Zukunft.

Bibliografische Information der Deutschen Nationalbibliothek
Die Deutsche Nationalbibliothek verzeichnet diese Publikation in der
Deutschen Nationalbibliografie; detaillierte bibliografische Daten
sind im Internet über http://dnb.d-nb.de abrufbar.

ISBN 978-3-96140-029-4
© 2018 by Joh. Brendow & Sohn Verlag GmbH, Moers
Einbandgestaltung: Brendow Verlag Moers, Moers
Titelfoto: fotolia Andrii IURLOV
Satz: Brendow Verlag, Moers
Druck und Bindung: Brendow Web & Print, Moers
Printed in Germany

www.brendow-verlag.de

Inhalt

Intro

Wir befinden uns in der spannenden Phase des Turniers. Die K.-o.-Runde der Weltmeisterschaft beginnt. Die Vorrunde haben wir überstanden. Heute gilt es, über das Achtelfinale die nächste Runde zu buchen. Ich befinde mich auf dem Hotelzimmer und packe meine Sachen zusammen. Die letzten Stunden vor der Abfahrt ziehen sich immer wie Kaugummi. Manche tigern durch das Hotel, andere verziehen sich aufs Zimmer. Nach einem lockeren Anschwitzen im ausgeräumten Konferenzraum des Hotels ist jeder sich selbst überlassen. Ich lege mich noch mal hin, kann nicht schlafen und setze mich für einen Kaffee an die Hotelbar. Die Angestellten sind mindestens so angespannt wie wir. Sie identifizieren sich mit ihren Gästen und lesen uns jeden Wunsch von den Augen ab. Und die Mannschaftsverantwortlichen haben alles minutiös geplant. Und das tut gut. Denn gerade an Spieltagen sehne ich die Zeit herbei, wenn wir in den Bus steigen. Verzögerungen stören meine Konzentration. Ich mag die Fahrt zum Stadion. Gedämpfte Stimmung. So langsam kommt auch das Land, in dem wir spielen, in Turnierstimmung. Von außen ist sichtbar, welche Nationalmannschaft hier unterwegs ist. Es wird wenig geredet. Unser Busfahrer steuert das teure Gefährt zielsicher durch den Verkehr. Und ich schließe die Augen ...

Er begegnet mir auf der Autobahn und wirkt wie eine uneinnehmbare Festung. Groß, breit, mit verspiegelten Fenstern. Nur die Aufschrift verrät die kostbare Fracht. Das ist doch tatsächlich der Bus meines Lieblingsfußballvereins. Unfassbar, was ich für ein Glück habe. Wo geht's denn hin?

Ich fahre auf die mittlere Spur der Autobahn und gelange neben das Gefährt. Leider kann ich niemanden erkennen. Ich setze mich vor den Bus und setze den Blinker. Die nächste Raststätte ist meine. Der kleine Hunger macht sich breit.

Und dann passiert es: Auch der Mannschaftsbus fährt ab. Ich bin begeistert. Vielleicht erhasche ich einen Blick auf den Neueinkauf des Teams. Ein südamerikanischer Offensivspieler, der gerade noch im blütenweißen Dress von Real Madrid unterwegs war.

Ich behalte den Bus durch meinen Rückspiegel genau im Auge und parke in Sichtweite. Gleich ist es so weit.

Die Türen gehen auf …

… und nur der Busfahrer steigt aus. Keine Mannschaft. Ich bin enttäuscht.

Das hätte ich mir aber auch denken können. Am Wochenende steht ein Auswärtsspiel an. Hier in der Gegend. Die Mannschaft aus dem Süden Deutschlands fliegt wahrscheinlich, statt den Bus zu nehmen, und der Busfahrer fährt die Edelkarre bis zum Flughafen oder zum Hotel, damit die Jungs dann pünktlich und bequem zum Stadion kommen. Die Busse der Clubs fahren ja reihenweise ohne Fracht durch die Lande, weil die Logistik es so erfordert. Auswärtsspiel hier, Pokalspiel da und dann die nächste Reise zum Gegner der Champions League.

Ja, Profifußballer sind gut unterwegs.

Sie lernen viele Städte und Länder kennen. Aber meistens nur die Flughäfen, Hotels und Stadien. Viel Zeit zum Sightseeing bleibt nicht im gut durchgetakteten Alltag.

Allein die Fahrtwege, die eine Mannschaft pro Saison hinter sich bringt, sind unfassbar. Da kann ich mir schon vorstellen, dass die Vereinsverantwortlichen bei der Auslosung zur Vorrunde der Euro League inständig hoffen, doch bitte nicht den FK Astana aus Kasachstan zugelost zu bekommen, sondern den FC Turin aus Italien.

Und sobald die Gruppen stehen, beginnt die Planung. Welche Hotels? Welche Trainingsplätze? Wann spielen wir wo?

Im Rahmen einer ganzen Europapokalsaison ist das ja noch gut leistbar, aber sobald es um die WM geht, wird's deutlich komplizierter und sehr aufwändig.

Als Beispiel, welche Größenordnung so etwas haben kann, eignet sich die WM 2014:

Hier war von vorneherein klar, dass weite Wege zurückzulegen sind. Teammanager Oliver Bierhoff hatte alles genau geplant. Das Resort ‚Campo Bahia' geht als das beste Mannschaftsquartier aller Zeiten in die Geschichte ein, und dafür gibt es gute Gründe.

Wichtige Faktoren waren die Abgeschiedenheit, ein Flughafen in der Nähe, ein Trainingsplatz in Sichtweite und eine relativ kurze Anreise zu den Spielen. Zumindest zu denen in der Gruppenphase. Was danach kam, war nicht bis ins letzte Detail planbar.

Alle diese Kriterien wurden erfüllt. Und noch mehr: Das Quartier lag sogar in den gleichen Klimazonen wie die Stadien der Vorrundenspiele.

Die Wege waren trotzdem lang. Per Flugzeug, Bus und Fähre wurde der DFB-Tross durch das ganze Land kutschiert. Auch hier wurde peinlich genau darauf geachtet, dass keine unnötigen Wartezeiten entstehen, dass die Spieler zwischen den Reisestrapazen so gut wie möglich regenerieren können und damit fit bleiben.

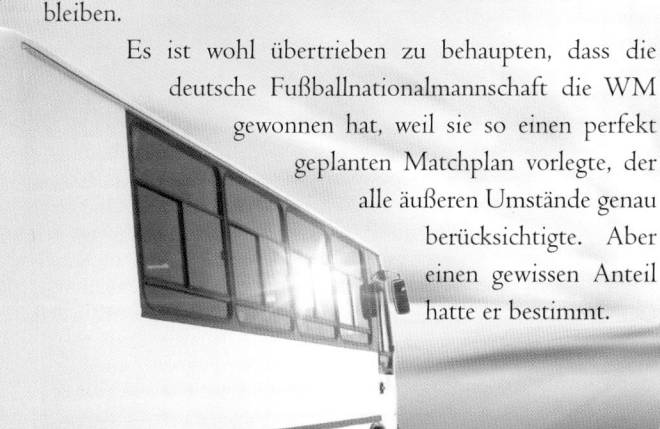

Es ist wohl übertrieben zu behaupten, dass die deutsche Fußballnationalmannschaft die WM gewonnen hat, weil sie so einen perfekt geplanten Matchplan vorlegte, der alle äußeren Umstände genau berücksichtigte. Aber einen gewissen Anteil hatte er bestimmt.

Die Akribie bei der Planung, die vor allem Oliver Bierhoff nachgesagt wird, hat ihren Anteil am Erfolg. Am großen Ganzen. Am WM-Titel an sich. Es ist das Puzzleteil, das den Unterschied ausmacht. Auch zu den anderen Ländern.

Bierhoff erklärte ein Jahr nach dem Titelgewinn in einem Vortrag bei der Fernuni in Hagen: *„Der Weg zum Titelgewinn ist kein Zufall, sondern beinhaltet akribische Planung."*

Dann beschreibt der ehemalige Torjäger und studierte Wirtschaftswissenschaftler, dass der Weg der Nationalmannschaft zum Erfolg ein lang angelegtes Projekt gewesen ist.

„Während die Visionen von Turnier zu Turnier wechseln, bleiben die zentralen Werte konstant." [1] Und das sind: Professionalität, Respekt vor dem gesamten Team, Spaß und Freude an der Sache.

Der Erfolg hat ihm recht gegeben. Aber nicht der Titelgewinn an sich ist das Bemerkenswerte an dem Projekt, sondern die Akribie und Langfristigkeit bei der Planung.

Seit 2004 ist Oliver Bierhoff Teammanager der deutschen Mannschaft. Und schon damals hat die Veränderung begonnen. Zunächst ohne große Aussichten auf Erfolg. Im Vorfeld der WM 2006 wurde von der Öffentlichkeit und von einem großen Teil der Fußballprominenz am ‚Konzept Klinsmann' gezweifelt.

Bierhoff zweifelte nicht. Er hat gezeigt, dass es Sinn macht, sich nicht von seinen Zielen abbringen zu lassen. Wahrscheinlich hat auch der Herr Sportmanager manchmal geschluckt, wenn es nicht so lief. Zum Beispiel bei einem der letzten Testspiele von Deutschland vor der WM 2006, gegen Italien, bei dem es ein 1 : 4 hagelte und das den Höhepunkt der Kritik gegenüber Klinsmann und Co. darstellte.

Und was wurde es dann für ein Sommermärchen.

Gut, dass sie an ihrem Plan festgehalten haben. Trotz deutlicher Kritik an dem Unterfangen. Durch ihre Professionalität, den

Respekt vor dem gesamten Team, den Spaß und Freude an der Sache haben sie es weit gebracht.

Nicht umsonst wurde Oliver Bierhoff von der Fernuni in Hagen eingeladen, die sonst eher wenig mit dem Fußball zu tun hat.

Solche Projekte lassen sich wunderbar aufs Leben übertragen. Auch hier spielt Professionalität eine wichtige Rolle. Aber Vorsicht: Dieses Wort kann missverstanden werden. Denn es beschreibt nicht nur gute Leistungen und Disziplin.

Der Change-Management-Experte Winfried Berner widmet sich dem Begriff in einem sehr lesenswerten Artikel und stellt dabei heraus, dass Professionalität weit mehr ist als nur Leistung und Können. Für ihn geht es um Wertemaßstäbe. Und zwar:

„Nicht nur bei der Arbeit, die man abliefert, sondern in seinem gesamten Geschäftsgebaren und in seinem Umgang mit Menschen – unabhängig von Dienstrang und Namen und gleich, ob einem jemand noch nützlich sein kann oder nicht. Genau hier scheidet sich die Spreu vom Weizen. Denn sich ins Zeug zu legen, wenn es um einen Auftrag, um zählbare Ergebnisse oder um eine Beförderung geht, hat nichts mit Professionalität zu tun, das ist schlichter Ehrgeiz bzw. Geschäftssinn.“ [2]

Wahre Professionalität zeigt sich für Berner demnach, wenn jemand Leistung bringt, auch wenn keine Gegenleistung zu erwarten ist. Er übersetzt Professionalität mit ‚Anstand‘ und ‚Pflichtgefühl‘. Profi ist, wer sich in den Dienst der Sache, des Betriebs oder des Vereins stellt und nicht nur seinen Vorteil im Blick hat, so talentiert, fleißig und klug jemand auch sein mag.

Das erinnert an einen anderen von Bierhoffs Werten: Respekt gegenüber dem ganzen Team. Das gilt für den Sport, für die Geschäftswelt und für die persönlichen Beziehungen von uns Menschen. Bei einem persönlichen Gespräch mit dem langjährigen Busfahrer der Nationalmannschaft, Wolfgang Hochfellner, habe ich es selbst erfahren: Der Busfahrer ist mehr als integriert gewesen. Als Chefchauffeur hat er nicht nur ordentlich Kilometer geschrubbt, sondern er war Teil des Teams, der Mannschaft. Er galt als die gute Seele im Team, und wenn Not am Mann war, hat er auch als Zeugwart ausgeholfen. Dieser Einsatz hat allen imponiert. Durch seine Professionalität und seine Art war der Busfahrer voll integriert. Wenn diese Akzeptanz nicht da ist, dann wird's schwierig.

Im Sportverein, im Job oder in der Beziehung.

Diese Art des Repekts hat ganz viel mit Wertschätzung zu tun. Mit dem Begriff, der eckig wirkt, aber in solchen Themen des Alltags plötzlich relevant wird.

Und zutiefst biblisch ist. Denn wenn man etwas wertschätzt, dann macht man sich vorher Gedanken, wie man jemandem begegnet oder mit etwas umgeht. Gott gibt uns Menschen den Auftrag, die Schöpfung zu bebauen und zu bewahren; so steht es auf den ersten Seiten der Bibel. Er überträgt auf uns eine Mitverantwortung für seine Schöpfung und seine Geschöpfe, für die Natur und für die Lebewesen, also auch für uns Menschen.

Was für ein Privileg!

Bebauen bedeutet für mich in Bezug auf uns Menschen: Potenziale fördern, das Optimale herausholen. Leistung bringen ist nicht verwerflich. Gerade im Bereich des Profisports ist es doch erstaunlich, zu welchen Leistungen wir Menschen fähig sind. Wie wunderbar.

Wenn ich mir die Dribblings von Lionel Messi betrachte, wird mir schwindelig. Und ich freue mich über seine Tore. Außer natürlich, wenn es gegen meinen Lieblingsverein geht. Bebauen dürfen aber nicht nur Hochleistungssportler. Auch wenn es komisch klingt: Wenn man den Schöpfungsauftrag zu Ende denkt, dann bebaut auch Torjäger Harald M. in der untersten deutschen Spielklasse mit seinen nicht ganz so fintenreichen und dynamischen Tricks die Schöpfung.

Leistung bringen im Rahmen seiner Möglichkeiten macht Spaß.

Auch der Busfahrer der deutschen Nationalmannschaft ist ein professioneller Bebauer der Sportwelt. Und die Mama, die jede Woche treu ihre Jungs und Mädels zu den Spielen fährt. Und der Opa, der immer die Würstchen grillt. Und der ehrenamtlich Vorsitzende, der jedes Jahr die Weihnachtsfeier ausrichtet …

Der zweite Teil des Schöpfungsauftrags, das ‚Bewahren', kann auch ohne große Mühe auf den Sport übertragen werden.

‚Bewahren' bedeutet: Pass auf dich und die anderen Menschen auf. Leistung bringen ist schön und gut, aber nicht, wenn es auf Kosten der anderen geht. Und diese Grenze verschwimmt schnell – egal ob im Profi- oder im Amateurbereich.

Spielerpässe sind schnell gefälscht, um den eigentlich schon zu alten Jugendspieler doch noch durchzumogeln.

Leistungssteigernde Substanzen nicht zu vergessen, die schon in den unteren Ligen eingesetzt werden und die nicht nur einen

Wettbewerbsvorteil verschaffen, sondern vor allem verheerende Spätwirkungen für den eigenen Körper nach sich ziehen.

Bewahren der Schöpfung bedeutet im Sport: Schätze dich selbst wert und verschaffe dir keinen regelwidrigen Wettbewerbsvorteil.

Derjenige, der das gerade schreibt, also ich, zeigt damit nicht mit dem Finger auf andere, sondern vor allem auf sich selbst. Wie schnell habe ich in meiner aktiven Fußballerzeit die mahnenden Worte des Schiedsrichters vergessen.

Spätestens dann, wenn wir kurz vor Spielende 0 : 1 hinten lagen und mir der Stürmer ein weiteres Mal zu entwischen drohte, habe ich hingelangt. Und zwar in der Kreisliga B.

Und wie oft sitze ich heute noch vor dem Fernseher und freue mich diebisch über die Schwalbe des Stürmers meiner Lieblingsmannschaft, die dem Team einen unberechtigten Elfmeter beschert. Wobei: Das kommt dank des Videoschiedsrichters immer seltener vor.

Sportliche Professionalität nicht nur nach dem Leistungsprinzip, sondern vor allem nach dem Schöpfungsprinzip zu beurteilen, hilft mir dabei, mein Verhalten zu überdenken.

An dieser Stelle möchte ich von ganzem Herzen auf das hinweisen, was die christliche Non-Profit-Sportorganisation SRS e.V. ins Leben gerufen hat, denn deren ‚Werteoffensive' verbindet den biblischen Schöpfungsauftrag und Oliver Bierhoffs Konzept perfekt.

Unter dem Motto ‚Herz spricht Sport' hat es sich die Organisation zur Aufgabe gemacht, die Werte im Bereich des Sports zu fördern. Schau doch mal rein unter

www.werteoffensive.de

MEIN WERTE-KOMPASS

Werte sind eine gute Erfindung – nicht nur im Sport. Wir brauchen Werte wie Respekt und Vertrauen, um sinnvoll und glücklich miteinander in dieser Welt leben zu können. Diese Werte funktionieren übrigens auch in einer Konkurrenz- oder Wettkampfsituation. Als Intersport-Vorstand habe ich das ständig erlebt. Die Sportbranche ist hart umkämpft, und als Verantwortlicher für die größte mittelständische Verbundgruppe im weltweiten Sportfachhandel musste ich mich oft gegen Mitbewerber durchsetzen.

Ich habe die Erfahrung gemacht, dass es auch oder gerade in solchen Situationen Sinn macht, wertschätzend miteinander umzugehen, und dass gegenseitiger Respekt belohnt wird. Auf dem Fußballplatz, in wichtigen Meetings und im Privatleben. Mein Wertekompass dafür ist der Glaube an Gott. In der Bibel finde ich wertvolle Hinweise für einen wertschätzenden Lebensstil. Wenn ich zu Gott bete, bekomme ich Kraft. Außerdem weiß ich, dass Gott mich bedingungslos liebt. Ohne Gegenleistung. Ich muss ihm nichts beweisen. Das hilft mir bei den Herausforderungen meines Lebens.

Klaus Jost ist gelernter Kaufmann,
begeisterter Fußballer.

Langjähriger Vorstand des führenden Sporthandels-
verbundes Intersport Deutschland e. G. und Präsident
von Intersport International

#Kabinenansprache

Letzte Vorbereitungen

Der Bus erreicht den Stadiontunnel. Zischend gehen die Türen auf. Ich steige als Zweiter aus. Für einen Moment höre ich dumpf die Fans, die schon im Stadion sind. Ich bekomme eine Gänsehaut, setze meine Kopfhörer auf, schnappe mir eine Kiste aus dem Gepäckfach und gehe in die Kabine. Jeder der Jungs geht anders mit dem Stress vor dem Spiel um. Dem Adrenalin, der Spannung. Ich brauche Ruhe. Wechsle wenige Worte mit meinem Sitznachbarn. Die Vorbereitung ist fast abgeschlossen. Was folgt, ist das Aufwärmprogramm. Die Stimmung ist aufgeheizt, Beleidigungen von gegnerischen Fans spüre ich, ohne die Sprache zu verstehen. Sie spornen mich an. Ich bin konzentriert, fokussiert und ‚im Tunnel'. Das Einzige, was mich kurzzeitig aus diesem Tunnel holen kann, ist die Kabinenansprache. Dabei brauche ich nicht zu hören, welche Laufwege der Trainer angeordnet hat oder welche Passwege wir besonders zustellen sollen. Das habe ich alles längst verinnerlicht. Ich kenne meine Aufgabe. In- und auswendig. Was ich jetzt brauche, ist der letzte Prozentpunkt. Und das bedeutet für mich: Motivation!

Ich kenne den Trainer, der mir aus dem YouTube Video entgegenschreit. Wir leben in derselben Gegend, haben dieselbe Schule besucht und gemeinsam in der Schulmannschaft gekickt. Eins unterscheidet uns allerdings:

Carsten Rump konnte schon damals deutlich besser kicken als ich.

Deshalb wurde er vom lokalen Profiverein DSC Arminia Bielefeld unter Vertrag genommen, spielte lange Jahre als Profi, u.a. beim VFB Lübeck, und übernahm nach Beendigung seiner aktiven Karriere die A-Jugend von Bielefeld.

Zweimal wurde er schon als Interimstrainer der ersten Mannschaft eingesetzt, und aktuell ist er der Co-Trainer des Zweitligisten.

Und ich? Ach, reden wir nicht drüber …

In seiner Funktion als Co-Trainer entdecke ich Carsten Rump im Internet. Es ist der Tag des alles entscheidenden Spiels der Saison 2016/2017. Bielefeld, bislang auf einem glasklaren Abstiegsplatz, schlägt den Aufstiegsaspiranten Eintracht Braunschweig. Vernichtend. Mit 6 : 0. Damit rettet sich die Arminia nicht nur auf den rettenden 15. Platz, sondern begräbt auch die Aufstiegsträume der Braunschweiger.

Carsten Rump hat seinen Teil dazu beigetragen. Er benötigte vor dem Spiel genaue 1:09 Minuten, um den Kader von Arminia Bielefeld in der Kabine so richtig heißzureden. Verwackelte Handybilder, von der Teammanagerin gedreht, zeigen, wie Spieler und Betreuer im Stehen einen Kreis bilden und Co-Trainer

Rump in der Mitte des Kreises auf und ab marschiert. Folgender Wortlaut seiner Kabinenansprache machte ihn deutschlandweit bekannt:

„Okay, Männer, zuhören! 25.000 sind da draußen und warten, dass ihr gleich explodiert. 25.000! Die beten zu Gott, dass ihr gleich Gas gebt, dass ihr ein Feuerwerk abfackelt. Aber ein Punkt ist mir noch viel, viel wichtiger, Männer: Wenn ihr nach Hause geht, könnt ihr den ganzen Müll bei euren Frauen, euren Kindern, bei euren Freundinnen abladen. Alles, alles was hier passiert, könnt ihr zu Hause abladen. Und sie sind immer für euch da, immer, immer, jeden Tag sind die zu Hause. Und heute sitzen die auf der Tribüne und beten genauso zu Gott wie alle anderen auch, dass ihr heute ein Feuerwerk abfackelt. [...] Und ihr müsst mir jetzt ein Versprechen hier ableisten, dass ihr für eure Familie alles gebt, alles gebt [haut mit der Faust auf den Tisch] in den 90 Minuten. Für eure Familien, für eure Kinder, werdet ihr jetzt da draußen ackern bis zum Ende, und wir werden das Spiel gewinnen. Versprecht ihr mir das?" [3]

Man merkt, dass die Rede ankommt. Lautes und zustimmendes Kampfgeschrei ist die Antwort auf Rumps Frage, und kurze Zeit später geht's auf das Spielfeld. Das Ergebnis ist bekannt.

Rumps Worte sind nur ein Ausschnitt der Mannschaftsbesprechung, daher macht es wenig Sinn, diese oder andere Kabinenansprachen, die direkt vor dem Anpfiff abgefeuert werden, auf Rhetorik, fußballtechnisch und fußballtaktisch korrekte Inhalte zu prüfen. Denn darum geht es in diesen Momenten überhaupt nicht. Das ist alles schon vorher passiert. Beim Abschlusstraining, in der Mannschaftsbesprechung am Vortag, in Einzelgesprächen oder in der Ansprache des Trainers vor dem Warmmachen. Carsten Rumps Worte sind der allerletzte Prozentpunkt Spielvorbereitung, den die Mannschaft an diesem Tag benötigt.

Ich gebe zu, das Setting Bielefeld hat weniger Glamour zu bieten als andere Orte, und Jürgen Klinsmanns legendäre ‚Sommermärchen-Schwäbel-Sprüche‘ aus der Kabine von der WM 2006 in Deutschland sind deutlich bekannter.

Trotzdem ist das, was am 14.05.2017 in den Katakomben der Bielefelder Schüco-Arena passierte, ein Paradebeispiel für den Motivationsanteil der Kabinenansprachen.

Aus mehreren Gründen.

1. Timing

Um das zu verstehen, lohnt es sich, kurz das Setting ‚Bielefeld‘ zu erläutern.

An diesem Maisonntag geht es nicht um den Einzug in das WM-Finale. Es geht um viel mehr. Für den Club, die Spieler und die Fans. Der drohende Abstieg von der Zweiten in die Dritte Liga bedeutet für jeden Verein einen existenziellen Einschnitt und zwangsläufig Sparmaßnahmen. Fehlende Fernsehgelder wegen deutlich geringerer Übertragungszeiten und fehlende Zuschauereinnahmen wegen scheinbar unattraktiverer Gegner sind nur zwei Beispiele.

Wenn ein Verein aus der Zweiten Liga fliegt, müssen nicht selten Mitarbeiter entlassen werden. Nicht unbedingt die Lizenzspieler, die suchen meist sogar freiwillig das Weite, aber MitarbeiterInnen der Geschäftsstelle und des Betreuerstabs stehen dann auf der Straße.

Carsten Rump wusste das. Er wusste, dass an diesem Spieltag etwas passieren musste, um diese Katastrophe zu verhindern. Die vielleicht letzte Chance.

Arminia Bielefeld hat es glücklicherweise geschafft. Dieses Mal. Und das Spiel gegen Braunschweig war ein wichtiger Baustein für den Nichtabstieg. Die Bedeutung von Carsten Rumps Kabinenansprache für das 6 : 0 seines Vereins ist nicht bis ins letzte Detail messbar. So ist das mit allen Kabinenansprachen. Aber das Timing war sensationell.

2. Perfekte Vorbereitung und Rückendeckung

Der Wortlaut der Rede kam intuitiv, die Rede selbst war kein Zufall. In einem Interview mit der Zeitung ‚Westfalen Blatt' sagte Rump, dass die Idee am Tag vor dem Spiel entstand und aufgrund der zugespitzten Situation gedanklich vorbereitet wurde.

Und nicht nur das. Auch die Videoaufzeichnung war Bestandteil des Plans. Denn noch vor dem Anpfiff bekamen die Spielerfrauen und -familien den Clip auf ihr Handy geschickt. Somit wussten die engsten Vertrauten Bescheid, und die Spieler wussten, dass ihre Liebsten es wussten.

Und die Rede war kein Alleingang vom Co-Trainer. Bereits im Mannschaftshotel sagte Rump zu Samir Arabi, dem Geschäftsführer Sport: „Ich mache heute etwas Besonderes. Bitte versprich mir, dass du mich nicht rausschmeißt." Auch der Cheftrainer Jeff Saibene war informiert. Beide wussten, dass sie sich auf Carsten Rump verlassen konnten, und ließen ihn gewähren.

3. Individuell und ohne mediales Kalkül

Selbst naturbegabte Motivationsmonster wie der Trainer des FC Liverpool, Jürgen Klopp, liefern keine wahllosen Verbalschlachten, sondern sind immer wieder neu herausgefordert, relevante und sinnige Momente zu kreieren, die den Spielern das gewisse Etwas mit ins Spiel bringen.

Der DFB beschreibt es auf seiner Website in dem Artikel ‚Die Mannschaftsbesprechung' vor dem Spiel sehr treff*end: „Wenn ein Spieler an jedem Spieltag gesagt bekommt, dass der entsprechende Tag der entscheidende in der Saison ist, wird man ihn mit der Zeit auf diese Weise nicht mehr erreichen. Wenn die Mannschaft jedoch bereits von sich aus motiviert ist, dann reicht auch ein einzelner Satz des Trainers aus. Weniger ist hier ganz sicher manchmal mehr! Die größte Herausforderung ist es dabei wohl für den Trainer, den Spannungsbogen ständig aufs Neue aufzubauen, ohne sich dabei zu wiederholen. Dazu sind natürlich*

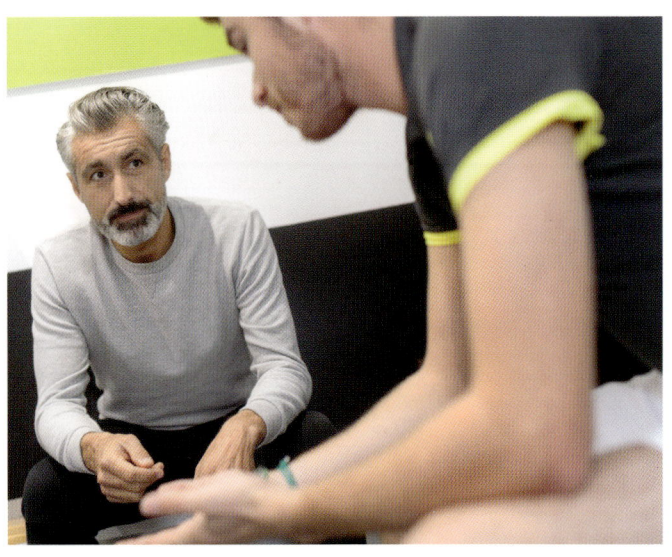

Ideenreichtum und die Fähigkeit gefordert, immer wieder flexibel auf die sich ständig ändernden Situationen zu reagieren." [4]

So war es auch bei der Arminia. Eine einmalige Ansage mit (scheinbar) einmaliger Wirkung.

Carsten Rump ist übrigens nicht sonderlich glücklich darüber, dass dieses Video an die Öffentlichkeit gelangt ist. Er hatte es nicht beabsichtigt, und es ist ihm eher unangenehm. Was in der Kabine gesprochen wird, bleibt in der Kabine. Oder im engsten Kreis des Vereins. In diesem Fall der Spielerfrauen. Eigentlich. Hat nicht funktioniert.

In meinem Leben kann ich auch die eine oder andere Kabinenansprache gebrauchen. Kurz, knackig, auf den Punkt. Vor allem dann, wenn es ernst wird. Wenn eine besondere Herausforderung ansteht; eine Prüfung, ein Krisengespräch oder eine Firmenpräsentation. Oder wenn ich mich frage: „Warum mache ich das eigentlich? Was ist der Sinn hinter dem Ganzen?"

Ein „Kopf hoch, wir stehen hinter dir!" oder ein „Das, was du tust, ist wichtig. Setz alles daran, es zu meistern" reicht schon, um meine Konzentration positiv zu schärfen. Allerdings ist es nicht egal, wer das zu mir sagt. Es muss schon jemand sein, der in mein Leben hineinreden darf. Bei dem ich es zulasse, dass er mich auch mal bei der Ehre packt und sagt: „Jetzt reiß dich mal bitte zusammen. Du schaffst das. Auf geht's!!"

Meine Familie, bestimmte Freunde, Arbeitskolleginnen oder Vorgesetzte. Auch die Kicker von Arminia Bielefeld hätten nicht jeden Redenschwinger akzeptiert. Es müssen Menschen sein, die mir wohlgesonnen sind und die mich kennen.

Und neben der Handvoll irdischer Kabinenprediger, die das Recht haben, in mein Leben ‚hineinzumotivieren', ist es vor allem Gott, dem ich uneingeschränktes Rederecht einräume. Er kennt mich nicht nur, er ist mein Schöpfer. Er will nicht nur das Optimale aus mir rausholen, sondern er liebt mich auch bedingungslos.

Und das gilt nicht nur für mich, sondern für alle Menschen. Seine Motivationsreden haben genau das richtige Timing, sind perfekt vorbereitet und absolut individuell.

Sie sind nicht immer laut, sondern manchmal auch leise. Humorvoll. Liebevoll. Deutlich.

Im Gegensatz zu menschlichen, als Motivationsreden getarnten Äußerungen sind Gottes Sätze übrigens nie kränkend, verletzend, Angst erzeugend oder niedermachend.

Das einzige Problem: Die perfekt getimten Motivationsreden von Gott gibt es nicht auf YouTube. Denn auch er möchte das lieber nur mit uns persönlich ausmachen. Zum Beispiel durch einen Vers in der Bibel, ein Gebet, ein Lied, während einer Joggingrunde oder einer Begegnung mit einem anderen Menschen.

Probiere es doch einfach selbst mal aus.

DEM TEAM DIENEN

Meine Aufgaben während des Spiels sind limitiert. Eingreifen geht zunächst nur verbal durch aufbauende Worte, reine Informationen oder auch Kritik, die sofort wirkungsvoll sein muss und hoffentlich positiver Natur ist. Ich möchte meine Spielerinnen nicht bloßstellen. Außerdem habe ich die Möglichkeit, spieltaktisch etwas zu verändern, z.B. am System oder an der Match-Strategie. Wichtig ist, dass ich meinen Spielerinnen während des Spiels vertraue und ihnen zutraue, dass sie schnell die richtige Einstellung zum Spiel finden.

Obwohl ich jede Spielsituation selbst emotional miterlebe, darf ich daraus folgend keine emotionalen Entscheidungen treffen. Meine Maßnahmen müssen immer auf Fakten und Informationen basieren, denn so kann ich meinem Team am besten helfen, ihm dienen und meine Spielerinnen unterstützen.

Ich habe erlebt, dass mein Coaching durch den Glauben an Jesus Christus und durch die Verbindung zu ihm mehr Tiefe bekommen hat. Es ist in meinen Augen wertvoller und intensiver, unabhängig vom Ergebnis. Die Liebe zum Spiel sollte immer sichtbar sein, aber die Liebe zu den Spielerinnen als meine Mitmenschen ist und bleibt viel stärker als jedes Spielergebnis.

Foto: harderfoto

Colin Bell
*05.08.1961, Nationalität England/Deutschland

Ehemaliger Fußballspieler (u.a. bei Leicester City und FSV
Mainz 05), ab 1989 Trainer, u.a. beim 1. FFC Frankfurt,
trainiert seit 2017 die irische Fußballnationalmannschaft
der Frauen

Der Countdown

Fokussiert bleiben. Jetzt nicht mehr ablenken lassen. Warten im Spielertunnel. Ich will raus. Endlich raus. Ein Spieler der anderen Mannschaft versucht, mich in ein Gespräch zu verwickeln. Ich kenne die Taktik. Er bekommt ein selbstbewusstes Lächeln. Ein Nicken. Mehr nicht. Wir gehen aufs Spielfeld. Alter, sind die Fans laut. Die Nationalhymne bekomme ich wie durch einen Filter mit. Meine Lippen formen die Worte. Ich starre ins Leere. „... blühe, deutsches Vaterland." Shakehands mit dem Schiri und dem Gegner. Bloß nicht weggucken jetzt. Den Blick erwidern. Fototermin für die Fotografen. Dann noch einmal einen Kreis bilden. „Alles geben, Jungs! Von Anfang an!", sagt unser Kapitän. Dann geht's auf die Positionen. Der Schiri schaut auf die Uhr. Auf der Anzeigetafel startet der Countdown. 00:10, 00:09, 00:08 ... Die Fans stimmen mit ein. Ich puste noch einmal durch und ziehe den Stutzen zurecht. 00:07, 00:06, 00:05 ... Ein letztes Mal überkommt mich ein wenig Ehrfurcht aufgrund der Kulisse und dessen, was auf dem Spiel steht. 00:04, 00:03, 00:02 .... Scheißegal jetzt. Einfach machen ... 00: 01, 00:00 ...

Der Schiedsrichter gibt den Ball frei ...

Die Dokumentation ‚Referees at work' hat meine Perspektive auf mein Lieblingsspiel nachhaltig verändert. Als Liebhaber der Sportart an sich, als Fan einer Mannschaft und als fachlicher Beobachter. Dieser Film, der während der EM 2008 in Österreich und der Schweiz gedreht

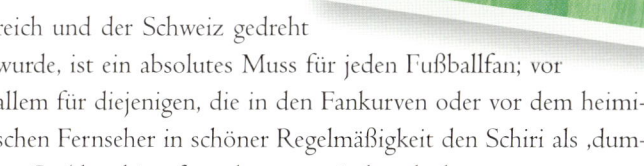

wurde, ist ein absolutes Muss für jeden Fußballfan; vor allem für diejenigen, die in den Fankurven oder vor dem heimischen Fernseher in schöner Regelmäßigkeit den Schiri als ‚dumme Sau' beschimpfen oder es zumindest denken.

In sehr kurzweiligen 90 Minuten begleiten die Filmemacher Eric Cardot, Yves Hinant und Delphine Lehericey verschiedene Schiedsrichter durch das Turnier. Der Zuschauer bekommt exklusive Einblicke in die Welt der Unparteiischen und deren Familien. Eins wird deutlich: Die Herren in Schwarz müssen ganz schön was aushalten. Sprüche, die unter die Gürtellinie gehen, sind da fast noch das Harmloseste. Unrühmlicher Höhepunkt: Nachdem das Schiedsrichtergespann rund um den Engländer Howard Webb beim Spiel Österreich gegen Polen ein Abseitstor für Österreich gegeben hat, folgte ein wahres Spießrutenlaufen. Sogenannte Fans der polnischen Mannschaft belagerten sogar das Elternhaus von Webb in England, und polnische Politiker

äußerten Morddrohungen gegenüber dem Schiedsrichter. Unfassbar!

Die Schiris sind während des Spiels mit einem Mikro ausgestattet, über das sie mit ihren Linienrichtern kommunizieren. Auch diese Kommunikation ist in der Doku hörbar, und so bekommt man spannende Einblicke in die kleinen Scharmützel zwischen Schiedsrichter und Spieler.

Schiedsrichter sind krasse Typen, sie wandeln in einer Welt, in der sie es nie allen recht machen können. Fehlentscheidungen haben millionenschwere Folgen und stürzen Millionen von Fans in Trauer oder rufen freudige Ekstase hervor.

Meistens sind sie bei den Fußballfans nicht sonderlich beliebt.

Ich mag Schiedsrichter. Sehr sogar. Ich habe großen Respekt vor den Leistungen und dem Druck, dem sie ausgesetzt sind.

Zwei deutsche Schiedsrichter haben mich in den letzten Jahrzehnten besonders beeindruckt, weil sie mir einen neuen Blickwinkel auf ihren Job und damit auch einen neuen Blick auf das Spiel des Lebens beschert haben.

Dr. Markus Merk aus Kaiserslautern ist einer von ihnen.

Der dreimalige Weltschiedsrichter hat die größten Endspiele gepfiffen und ist einer der Bekanntesten seiner Zunft. Auch heute entscheidet er noch. Nicht auf dem Platz, sondern als Experte im TV-Studio.

Er hat mir gezeigt, dass es Spaß machen kann, Entscheidungen zu treffen. Denn das ist für ihn die Voraussetzung, um als Schiedsrichter Erfolg zu haben. Und wahrscheinlich auch sonst im Leben.

„Viele beschweren sich, weil sie im Leben entscheiden müssen", sagt er in einem Radiobeitrag. „Für mich war und ist es immer ein Privileg, entscheiden zu dürfen. Wenn ich irgendwo Verantwortung übernehmen will und Entscheidungen treffen darf, dann kann ich etwas Positives bewegen. Wenn ich nichts zu entscheiden habe, dann ist das Leben ja langweilig."

Natürlich ist es auch eine Machtfrage. Der, der entscheidet, hat die Macht. Die Frage ist, wie derjenige, der Macht hat, damit umgeht. Und eines ist auf dem Platz und im Leben für Markus Merk wichtig: Er möchte mit seinen Entscheidungen ‚nicht selbst im Mittelpunkt stehen, sondern als Teil eines tollen Größeren wahrgenommen werden'.

Es verwundert nicht, dass er mit diesen Thesen nach seiner Karriere viele Vorträge zu den unterschiedlichsten Themen hält und Führungskräfte im Managementbereich coacht.

„Ich spreche von Spiel-Management, von Spiel-Leitung, weil ich den Begriff Richter weniger mag", sagt er in einem Interview. „Vom Spiel-Manager können sich auch die echten Manager, vor denen ich jetzt spreche, etwas abgucken. Die sind ja in noch größerem Maß Entscheider, als ich es war. Die müssen Bestätigung wecken, Reize liefern. Das musste ich auch. Ich erfinde das Rad nicht neu – aber ich kann den ein oder anderen Ratschlag geben."[5]

Er selbst war schon immer ein Kämpfer: Er läuft Marathon. Und was viele nicht wissen: Bis 1999 hatte er eine sehr hohe Stimme, die ihm im Umgang mit den Fußballern manchmal nicht den nötigen Respekt einbrachte. Das hatte er irgendwann satt. Er trainiert seine Stimme herunter. Ohne OP, nur durch seinen Willen.[6]

Der gelernte Zahnarzt Dr. Markus Merk hat es verstanden, das Spiel Fußball mit einem hohen Maß an Professionalität und Leidenschaft zu interpretieren und sich selbst dabei nicht zu wichtig zu nehmen. Er profitiert noch heute von dem Job, der ihm viel Positives, aber auch viel Kritik eingebracht hat. Denn durch seine Vergangenheit ist er heute noch gefragt. Als Referent und Keynote-Speaker gibt er seine Erfahrungen von damals weiter.

Der zweite beeindruckende Schiedsrichter ist für mich Babak Rafati. Seine Geschichte hat mir vor Augen geführt, dass in dem Big Business ‚Fußball' nicht nur die Spieler, Trainer und Funktionäre einem immensen Druck ausgesetzt sind, sondern viele andere auch – und in allererster Linie die Schiedsrichter.

Am 19.11.2011 wurde das angesetzte Bundesligaspiel zwischen dem 1. FC Köln und dem FSV Mainz 05 nicht angepfiffen. Der Schiedsrichter war nicht erschienen. Der Schiedsrichter war Babak Rafati, und der hatte aufgrund einer Depressionserkrankung versucht, sich das Leben zu nehmen. Seine Assistenten haben ihn gefunden und sofort Erste Hilfe geleistet.

Rafati begab sich in therapeutische Behandlung und erklärte im Mai 2012 seinen Rücktritt als Schiedsrichter.

Er hat mich als Typ beeindruckt, weil er seine Geschichte öffentlich gemacht hat. Und zwar schon wenige Tage nach dem Unglück.

In der von seinem Anwalt veröffentlichten Erklärung zu seinem Suizidversuch erläuterte Rafati:

„Im persönlichen Empfinden von Herrn Rafati wurde vor allem ein wachsender Leistungsdruck für ihn als Schiedsrichter und der damit verbundene mediale Druck in Kombination mit der ständigen Angst, Fehler zu machen, zu einer immer größeren Belastung. Eine Belastung, die irgendwann selbst Alltagsprobleme unlösbar erscheinen ließ und der er sich am Ende nicht mehr gewachsen fühlte."[7]

Ich weiß nicht, wie es Babak Rafati aktuell geht, denn eine Depressionserkrankung ist tückisch, aber er tritt als Redner auf und hält Vorträge zum Thema Burn-out, Mobbing, Depressionen und Leistungsdruck.

Das finde ich großartig. Babak Rafati ist kein Weichei. Er hat über ein Jahrzehnt lang Spiele auf dem allerhöchsten Niveau geleitet. Er hat es ertragen, dass er von zigtausend Menschen ausgepfiffen wird.

Und trotzdem hat ihn das Spiel krank gemacht. Dazu führt er persönlich auch noch einige andere Gründe auf, wie zum Beispiel mangelhaftes Verhalten von seinen Vorgesetzten.

Ein Mensch, der dazu da ist, das Lieblingsspiel von Millionen Menschen zu leiten, wird Opfer des Systems. Ein Mensch, ohne den das Spiel nicht funktionieren würde, wird in eine lebensbedrohliche Situation gebracht.

Tragisch finde ich die Antwort, die Babak Rafati in einem Interview mit dem ‚Spiegel' gegeben hat, nachdem er gefragt wurde, ob sich durch die nach seinem Suizidversuch erfolgten ‚branchenüblichen Ermahnungen' etwas getan habe:

„Nein [...] Dass Schiedsrichter weiterhin die Vollidioten sind und von vollen Stadien ausgepfiffen werden, ist vielleicht nicht schön, aber gehört dazu und juckt die Kollegen auch nicht. Leider ist die interne Kommunikation noch immer so katastrophal wie damals, wie es die Schiedsrichter selbst im Februar dieses

Jahres in einem Interview mit dem ‚Focus' bestätigten. Ich kenne viele aktuelle Schiedsrichter, die Hilfe von Psychologen in Anspruch nehmen, weil sie sonst mit der Situation nicht klarkommen. Was natürlich sehr traurig ist." [8]

Rafati und Merk – zwei Menschen, die mich sehr beeindruckt haben. Sie stehen sich in meiner Wertung nicht gegenüber, und ich vergleiche sie nicht nach dem Motto: Was hat der eine gut gemacht und der andere schlecht?

Sie stehen eher nebeneinander, und die Ausschnitte aus ihrem sportlichen und privaten Leben zeigen mir, welche unterschiedlichen Auswirkungen ähnliche Voraussetzungen haben können.

Sie haben beide ihre Lehren aus dem Schiedsrichterberuf gezogen. Zum Teil ziemlich schmerzhafte Lehren.

Ihre Erfahrungen sind gefragt. Deshalb sind sie als gefragte Redner unterwegs. Ihre Entscheidungsperspektive ist für viele Menschen interessant.

Eigentlich für uns alle.

Wir sind alle Entscheider.

Und ich fühle mich oft wie ein Schiedsrichter. Denn ich lebe ja nicht alleine, sondern entscheide bewusst oder unbewusst für andere mit.

In konkreten Entscheidungssituationen kommen mir oft drei Fragen in den Kopf, die sich Schiedsrichter auch stellen. Sie helfen bei der Urteilsfindung, ohne die Situation an sich zu beeinflussen:

1. Kurzer Check: Bin ich überhaupt auf Ballhöhe?
   Das bedeutet: Kann ich die Situation überhaupt so einschätzen, dass mir eine Entscheidung zusteht? Auf welche Position soll ich mich begeben, um den Überblick zu bekommen?

2. Wie haben meine Kollegen die Situation gesehen?
   Das bedeutet: Kann ich mich mit jemandem beraten?

3. Muss ich den Spielfluss überhaupt unterbrechen, oder kann ich vielleicht weiterlaufen lassen?

Das bedeutet: Ist eine Entscheidung zum jetzigen Zeitpunkt dran, oder sollte ich die Situation lieber noch ein wenig beobachten?

Manchmal bin ich zufrieden mit einer Entscheidung. Das fühlt sich richtig gut an. Auch wenn der eine oder andere nicht einer Meinung mit mir ist: Ich habe nach bestem Wissen und Gewissen entschieden und stehe hinter der Entscheidung, ganz egal, in welcher Form diese mal auf mich zurückfallen wird.

Manchmal zweifle ich an meiner Entscheidung. In meinem Kopf wabert ein ‚Hättest du nicht doch anders entscheiden sollen?'. Ich werde unkonzentriert und verpasse fast die nächste Situation, in der ich eine Entscheidung treffen muss.

Manchmal merke ich, dass ich falsch entschieden habe. Das ist bitter. Aber es lässt sich nicht ändern. Auch hier stehe ich in der Gefahr, einer falschen Entscheidung hinterherzutrauern.

Im Gegensatz zum Schiedsrichter habe ich im Leben glücklicherweise manchmal noch die Chance, die Entscheidung zu korrigieren.

Wie man genau mit falschen Entscheidungen umgeht oder zweifelhafte Entscheidungen abschüttelt, kann ich nur ungenügend erklären. Dazu fehlt mir die Fachkompetenz, und da kann ich nur Verantwortung für mich selbst übernehmen.

Und in dieser Verantwortung hilft es mir unheimlich, dass ich meine Beziehung zu Gott als unsichtbare Absicherung in Anspruch nehme. Zum Beispiel, indem ich für eine Entscheidung bete. Denn ich habe erfahren, dass ein Gebet zu Gott meine Prioritäten geraderückt, es mich in meiner Entscheidungsfindung ruhig macht. Und weil ich glaube, dass ein Gebet zum Schöpfer des Himmels und der Erde nicht ungehört verhallt.

Es wird gehört. Was Gott genau damit macht, weiß ich nicht.

Aber ich bin mir sicher, dass es bei ihm in guten Händen ist.

Und zwar nicht nur, wenn ich ihn bewusst darum bitte, sondern immer. Entscheidungshilfen bekomme ich durch Gespräche, Gefühle, Gedanken oder Begegnungen. Durch Musik, Filme, Düfte und vieles mehr.

Ich glaube, dass Gott sich vielfältig zeigt. Nicht nur, um mich in Sachen Entscheidungen zu inspirieren, aber eben auch.

Die Entscheidungen muss ich immer noch selber treffen. Deshalb hat uns Gott als eigenverantwortliches Wesen in diese Welt entlassen.

Aber im Gegensatz zu vielen Menschen verlässt er mich nicht klammheimlich, wenn eine Entscheidung falsch war. Nein, er steht zu mir.

Denn er hat versprochen:

Ich bin bei dir alle Tage. Bis an der Welt Ende.

Das gilt.

#Anders als gedacht

Direkt unter Druck

Das kann doch nicht wahr sein. Bin ich im falschen Film? Unser Gegner überrennt uns gerade. Und wir? Wir machen absolut nichts von dem, was wir uns eigentlich vorgenommen haben. Unsere Taktik ist schon nach wenigen Minuten über den Haufen geworfen worden. Haben die uns belauscht? Bereits mit dem Anpfiff scheint uns der Gegner komplett gelesen zu haben. Zwei gefährliche Situationen konnte unser Torwart gerade noch entschärfen. Die Situationen entstanden durch meine Fehler. Beide Male. Ich war mir sicher, dass der Stürmer in den Zweikampf geht, entscheide mich viel zu früh für eine Grätsche, er spielt den Ball quer, ich fliege ins Leere, und die Bahn ist frei. Zweimal. Mist!

Wir wussten, dass es schwer wird. Ich schimpfe mit mir und mit einem unserer defensiven Mittelfeldspieler. Die sollen verdammt noch mal die Lücken schließen, damit die Gegner da nicht ständig in aller Ruhe durchmarschieren können. Ich schaue auf unseren Trainer. Der muss doch der Verzweiflung nahe sein. Doch der steht in aller Ruhe am Spielfeldrand. Keine Spur von Verzweiflung, Angst oder Ärger. Das einzige Zeichen, was ich von ihm bekomme, als sich unsere Blicke treffen, ist: Kopf hoch! Weitermachen. Zweimal blöd ausgesehen. Aber das Spiel ist noch lang.

„Es gibt solche Situationen im Leben. Alles läuft auf einen Punkt zu. Den Punkt, an dem die eine Entscheidung fällt. Und man es nicht selbst ist, der die Entscheidung trifft. Sondern sie einem anderen überlassen muss. Dabei ist es die Entscheidung, die einem selbst alles bedeutet. Das muss klappen, denkt man, oder es ist … AUS.“[9]

So beginnt das Buch ‚Ich – Erfolg kommt von innen‘ vom ehemaligen Weltklassetorwart Oliver Kahn. Er beschreibt hier die Sachlage kurz vor der Weltmeisterschaft 2006. Den Zweikampf um die Position des Stammtorwarts hatte der damalige Bundestrainer Jürgen Klinsmann entfacht. Fast zwei Jahre vorher war die bis dahin unangefochtene Nummer eins, Oliver Kahn, damit infrage gestellt worden. Sein Konkurrent, Jens Lehmann, hatte sich durch gute Leistungen herangekämpft, und es entbrannte ein Zweikampf um die Vorherrschaft im Tor, den es bis dahin nicht gegeben hatte. Fußballdeutschland war in zwei Teile geteilt. Die eine Seite, vornehmlich die Bayernfraktion, stand ganz klar auf der Seite des etablierten Oliver Kahn. Der Welttorhüter hatte schließlich jahrelang Weltklasseleistungen gezeigt. Man witterte sogar eine Verschwörung, die einen sogenannten Bayernbonus außer Kraft setzen sollte.

Die andere Seite stand auf der Seite von Jens Lehmann. Der Torwart stand bei Arsenal London unter Vertrag und zog mit den ‚Gunners‘ im Jahr der WM sogar ins Finale der UEFA-Champions League ein.

Schlussendlich war es Jens Lehmann, der bei unser aller Sommermärchen zwischen den Pfosten stand und einen richtig guten Job ablieferte.

Der Lehmann/Kahn-Zweikampf zeigt zugespitzt, wie der Alltag im Profifußball aussieht. Nicht immer geht es um einen Stammplatz in der deutschen Nationalmannschaft, aber im Rahmen der WM in Russland geht es für einige Jungs zum Beispiel um die Frage: Bin ich dabei oder nicht? Rutsche ich noch in den Kader oder bin ich draußen? Reicht es? Sieht der Bundestrainer meine Leistungen?

Und dann heißt es warten: Was für eine Nachricht bekomme ich? Darf ich die Koffer packen oder nicht?

In den letzten Spielen vor dem großen Turnier spielt außerdem immer die Angst mit: bloß nicht verletzen. Bitte, bitte nicht verletzen. Der Dortmunder Marco Reus kann ein trauriges Lied

davon singen. Er hat die WM 2014 und die EM 2016 verpasst, weil er sich jeweils kurz vor dem Turnier schwer verletzte.

Entschieden wird auch in vielen Vereinen der Profiligen am Anfang der Saison: Reicht die Leistung von Spieler x oder y, um in der ersten Mannschaft dabei zu sein? Ist er in der zweiten Mannschaft nicht besser aufgehoben? Oder reicht es nicht mal da?

Entschieden wird im Spielbetrieb wöchentlich: Wer steht in der Startelf? Wer sitzt auf der Bank? Wer steht überhaupt nicht im Kader? Auch hier gibt es unerwartete Entscheidungen, Spieler müssen damit klarkommen, sich permanent bewerten zu lassen.

Das ist Teil des Spiels.

Der Spieler muss dem Druck standhalten und ist einem ständigen Spagat ausgesetzt:

Wie sehr nehme ich mir diese ständige Bewertung zu Herzen? Was macht das mit meinem Selbstbewusstsein als Mensch?

Es ist die Leistung, die zählt. Und deshalb müssen sich gerade Sportler im Profibereich auch an ihren Leistungen messen lassen. Aber den sportlichen Leistungsstand und den Wert als Mensch an sich zu trennen, ist nicht leicht.

Ein erfahrener Sportmentor, der mit vielen Profisportlern arbeitet, hat mir einmal gesagt: „Profisportler sind Leistungsmenschen. Kein Wunder, denn sonst wären sie nie bis dahin gekommen. Das bedeutet aber auch, dass sie schnell in der Gefahr stehen, ihren kompletten Wert als Mensch auf ihre Leistung zu reduzieren. Habe ich einen guten Wettkampf hingelegt, dann bin ich ein wertvoller Mensch. Habe ich einen schlechten Tag erwischt, sinkt auch mein Wert als Typ, und ich fühle mich mies. Deshalb ist es mir wichtig, den Sportlern immer wieder zu sagen: Du bist wertvoll. Und zwar unabhängig von deinen Leistungen."

Das geht nicht nur Leistungssportlern so. Das beginnt schon im Kinder- und Jugendbereich. Hier hängt es besonders an der Definition von Erfolg.

Erfolg hat man, wenn man gewinnt. Wenn man oben steht. Das lehrt uns die ‚Höher-schneller-weiter'-Gesellschaft.

Christoph Müller ist Trainer des hessischen Tennisverbandes und leitet das Trainerforum einer Werteoffensive der christlichen Non-Profit-Sportorganisation SRS e.V. Er hat in einem Interview beschrieben, wie er erfolgreiches Tennistraining für Kinder und Jugendliche definiert.

Er sagt, dass er seinen Schützlingen vor allem vermitteln möchte, dass Erfolg nicht von Sieg und Niederlage abhängig ist.

„Ich muss davon ausgehen, dass die Ausbildung zu einem guten Tennisspieler 12–15 Jahre dauert", so Christoph Müller. „Deshalb geht es erst mal überhaupt nicht um Ergebnisse, sondern um die Entwicklung des Kindes. Es geht um die Vermittlung und das

Training von Durchhaltevermögen, Fleiß, Freude an der Anstrengung und an Neuem. Das muss ich den Kindern und den Eltern kommunizieren. Dann habe ich eine hohe Chance, dass sich ein Erfolg einstellt, der die Kinder zu selbstständigen Menschen und Athleten formt, die Dinge eigenverantwortlich und gerne anpacken. Im Sport und im Leben."[10]

Außerdem geht es Müller darum, nicht nur den Erfolg zu belohnen, sondern auch die Anstrengung, die nicht zum Erfolg geführt hat. Gute Trainer müssen sich selbst immer wieder fragen: Heben wir die Kinder nach einem Sieg so sehr empor, dass sie beim nächsten Mal Angst haben, zu versagen? Kritisieren wir nach einer Niederlage so sehr, dass die Lust am Sport und am Training vergeht?

Wichtige Fragen, die auf viele Bereiche des Lebens übertragbar sind.

Wenn seine Spieler früher vom Court kamen, hat Christoph Müller sie gefragt: „Na, wie war's?" Sie haben gesagt: „Ich habe verloren." Und dann hat er gesagt: „Das weiß ich längst. Ich will wissen, wie es für dich war? Was hat gut geklappt, und was müssen wir trainieren!?"

Mit so einer Einstellung werden mündige Sportler und Athleten geformt, die den Herausforderungen in der Sportkarriere und im Leben besser gewachsen sind.

Wichtig dabei: Diese Formen der Korrektur oder der mentalen Unterstützung müssen immer wieder erfolgen.

Das hat etwas mit einer ziemlich fiesen psychologischen Besonderheit zu tun, die ich als Laie bei mir und anderen Menschen immer wieder beobachte: Die fiesen Kommentare des Lebens sind deutlich stärker als die positiven.

Lobesworte bedürfen der unzähligen Wiederholung, wohingegen Kritik nur einmal geäußert werden muss und ziemlich lange in Erinnerung bleibt. Genauso ist es mit Siegen und Niederlagen.

Der Misserfolg bleibt haften, während gewonnene Spiele schneller abgehakt werden.

Es gibt Momente aus der Vergangenheit, die mich immer wieder einholen. Und zwar zu den unpassendsten Momenten in meinem Leben. Und dann machen sich Versagensängste breit, und ich fühle mich schlecht.

Was ist das Gegenmittel für die fiesen Sätze des Lebens?

Mir hilft dabei die Kommunikationsregel: Stumpf ist Trumpf!

Die Regel beschreibt die unheimlich starke Kraft der Wiederholungen. Je öfter ich etwas höre, umso stärker dringt es in mein Unterbewusstsein ein. In der Werbung wird diese Masche immer wieder angewandt. Und ich habe mich entschieden, mir einen Satz immer wieder stumpf vorzusagen. Immer wieder.

Es ist kein Poesiealbumsatz, der mir etwas verspricht, was er nicht halten kann. Kein ‚Du bist der Beste'- oder ‚Irgendwann gelingt dir der große Durchbruch'-Satz.

Es ist ein Satz aus der Bibel, er steht in Josua 1,9 und lautet: ‚Sei mutig und stark. Denn ich, der Herr, dein Gott, bin mit dir in allem, was du tust.'

Er stammt von Gott, und der Adressat ist Josua. Der hat gerade die Nachfolge von Mose angetreten, einem der großen Anführer in der Geschichte von Gottes auserwähltem Volk Israel. Mose war gestorben, und Josua hat jetzt seinen Job übernommen. Und er fühlte sich so gar nicht nach ‚Chef'.

Warum genau, steht da nicht. Aber ich kann mir schon vorstellen, dass der Aufstieg vom Co-Trainer zum Chefcoach eine gewisse Nervosität hervorrufen kann. Denn bei ihm ging es nicht um Abstieg oder Aufstieg, sondern um Leben und Tod, auch wenn es sich für manche Fußballfans oft genauso anfühlt.

Er braucht die Vergewisserung. Und Gott gibt sie ihm. Oft. Dieser Vers wiederholt sich in dem Bibeltext. Mehrmals. Immer der gleiche Inhalt.

Sei mutig.

Sei stark.

Ich bin bei dir.

In allem, was du tust.

Ich liebe diesen Text. Auch wenn er nicht für mich geschrieben wurde, übernehme ich ihn.

Die Bibel wird auch als ‚Gute Nachricht' bezeichnet. Sie ist eine Ansammlung von historischen Texten, die nicht einfach so aus dem Zusammenhang gerissen werden dürfen. Diese Texte erzählen von bestimmten Ereignissen, die bestimmte Menschen erlebt haben und die für bestimmte Menschen geschrieben wurden. Deshalb ist es wichtig, die Bibel ernst zu nehmen und sie nicht als Allzweckwaffe für oder gegen bestimmte Gesinnungen oder Situationen zu benutzen.

Deshalb fällt es mir auch schwer, Handlungsanweisungen, die ein Paulus an die Christen in Korinth schreibt, eins zu eins auf eine Gemeinde in Norddeutschland zu übertragen, nur weil mir das gerade so in den Kopf kommt. Das ist zu einfach.

Das bedeutet aber nicht, dass die biblischen Texte mir heute nichts mehr zu sagen haben. Im Gegenteil.

Es ist der Transfer, der wichtig ist. Der Übertrag auf mein Leben.

Und bei dem Josuawort bin ich mir bewusst, dass Gott es zu Josua gesprochen hat, aber diese übersinnliche Unterstützung für uns Menschen durchzieht das komplette Wort Gottes.

Denn wenn ich die Bibel im Gesamtzusammenhang lese, wiederholt sich der Vers ,Sei mutig. Sei stark. Ich bin da'. noch viel häufiger. Im Alten und im Neuen Testament.

Die Zusage ,Ich bin bei dir. Sei mutig' erfolgt blanko und ist völlig losgelöst von den Leistungen, die ich im Laufe meines Lebens so vollbringe.

Sie ist ein Alleinstellungsmerkmal des christlichen Glaubens. Das bedeutet nicht, dass es egal ist, was ich tue. Aber diese Vergewisserung ist die Grundlage dafür, dass ich mein Leben gestalten kann.

Und dieser Satz hilft mir vor allem, wenn das Spiel des Lebens anders läuft als gedacht. Dann, wenn ich gerade den Job, auf den

ich so sehr gehofft habe, nicht bekommen habe. Kurz vor dem Turnier doch noch aus dem Kader geflogen bin.

Oder wenn ich auf der Tribüne sitze und zuschauen muss, wie andere agieren, obwohl ich gerne mitgestalten würde.

Solche Zeiten durchzustehen ist nicht einfach. Und die Situation entschärft sich nicht automatisch, wenn ich mir die Zusage von Gott vorsage.

Aber sie hilft mir, durchzuhalten.

Welche Sätze Oliver Kahn im Kopf hatte, als ihm mitgeteilt wurde, dass er 2006 nicht zwischen den Pfosten steht, weiß ich nicht. Auf jeden Fall hat er großartig reagiert. Nachdem viele Fußballfans seinen Rücktritt erwarten, fährt er als Nummer 2 mit, setzt sich brav auf die Bank und wünscht seinem Konkurrenten vor dem Elfmeterschießen im Viertelfinale gegen Argentinien per Handschlag alles Gute.

„Plötzlich weiß ich, dass ich etwas gelernt habe", sagt er hinterher.

Das merke ich mir. Auch wenn etwas anders läuft als geplant, lohnt es sich, durchzuhalten. Denn das Spiel ist noch nicht vorbei. Und ich habe jemanden auf meiner Seite, der mich motiviert und immer bei mir ist.

Abgelenkt

Mist. Er hat es doch geschafft. Mein Gegenspieler hat mich raus-gebracht. Ein Zupfen am Trikot und zweimal auf die Schuhe stei-gen in kürzester Zeit haben gereicht. Ich habe mich auf ein Wort-gefecht mit ihm eingelassen. Der Schiedsrichter hat die Situation entschärft, und wir haben uns die Hand gegeben. Trotzdem wirkt diese Situation noch nach. Die nächsten Minuten bin ich unkon-zentriert, der Fokus auf das Wesentliche, auf das Spiel, ist mir abhandengekommen. Ich bin aufgebracht, bin in Gedanken bei meinem Gegenspieler, und das ist genau das, was er damit be-absichtigt hat. Einmal ist er mir durch diese Unkonzentriertheit entwischt. Ich brauche dringend eine gute Aktion, einen Moment, der mich wieder in den Spielfluss bringt. Da kommt ein halbho-her Ball in unseren Strafraum. Mein Gegenspieler setzt mich unter Druck. Ich täusche den Befreiungsschlag an, er springt ins Leere. Ich nehme den Ball an und eröffne den Gegenangriff.

‚Der Ball ist rund, und das Spiel dauert 90 Minuten‘ – die Aussage vom ersten deutschen Weltmeistermacher Sepp Herberger stimmt so weit. Klar, Verlängerung und Elfmeterschießen können ein Spiel noch mal verlängern, aber diese 90 Minuten sind der Kern, das Zentrum eines Fußballspiels. Darum geht es. Elf gegen elf. Ein Ball. Ordentlich Kampf, viel Taktik und ein paar Zaubertricks. Die bessere Mannschaft soll gewinnen. Solange das Wappen meines Lieblingsvereins auf dem Trikot der besseren Mannschaft steht natürlich. Ansonsten darf auch gerne die schlechtere Mannschaft gewinnen. Spaß beiseite, grundsätzlich geht es um das Spiel innerhalb eines geregelten Rahmens.

In diesem Kapitel geht es allerdings um das, was ich gerne als ‚Drumherum‘ bezeichne.

Im Stadion selbst sind es die Halbzeitspielchen und das Entertainment vor dem Anpfiff. Das erlebe ich in Deutschland noch sehr moderat.

Vor Anpfiff übernimmt der Stadionsprecher die Rolle, liest Werbevereinbarungen vor, das Maskottchen dreht einsam seine Runden, der verletzte Stammspieler wird noch mal vors Mikro gezerrt, aber spätestens wenn die Mannschaften zum Aufwärmen den Platz betreten, ist alles andere Nebensache.

Die Mannschaftsaufstellung wird traditionell nicht nur vom lokalen Autohaus präsentiert, sondern die dürfen alle im Stadion mit ansagen. Der Stadionsprecher übernimmt die Rückennummer und den Vornamen, während der Rest den Nachnamen zum Besten gibt.

Das klappt meistens relativ gut. Wenn jedoch ein Spieler mit einem unaussprechlichen Nachnamen eingekauft wurde, kann das zu einer kleinen Hürde werden, die spätestens nach dem dritten Einsatz mit dem Spitznamen genommen wird.

Zum Mannschaftslied stehen dann die meisten Zuschauer auf, außer die auf der VIP-Tribüne. Da ist meistens noch niemand, denn die kommen erst kurz nach dem Anpfiff aus dem besonderen Bereich. Vorher ist es zu kalt.

Die Lieder an sich sind vom Text her ausbaufähig, aber die meisten erzeugen eine Gänsehautstimmung. Besonders DIE Hymne ‚You'll never walk alone' ist ein Hinhörer.

Kurz vor dem Anpfiff ist meistens eine sogenannte Choreografie der verschiedensten Ultragruppen Bestandteil des Vorprogrammes, die sich in den meisten Fällen echt sehen lassen kann. Große Banner mit Motivationssprüchen werden genau dann ausgerollt und präsentiert, wenn die Mannschaften den Rasen betreten. Das erzeugt tatsächlich eine Gänsehautstimmung.

In der Pause holt sich der Fan seine Bratwurst und ein neues Bier, während auf dem Rasen irgendwelche Gewinner von Preisausschreiben versuchen, am Ersatztorwart der Heimmannschaft vorbei aus elf Metern den Ball ins Netz zu prügeln. Eine Reise für zwei Personen winkt. Das geht meistens schief und wird von den Fans, die doch auf den Plätzen verweilen, mit Applaus quittiert. Manchmal erlebt man einen Heiratsantrag, und wenn man Glück hat, vertreiben sich die Ersatzspieler auf dem Rasen die Zeit, in dem sie fünf gegen drei spielen und dabei den Jugendspieler, der den Kader auffüllt, ordentlich laufen lassen.

Die VIP-Zuschauer verziehen sich schon kurz vor der Halbzeit ans Buffet, um die besten Schnittchen zu ergattern und vielleicht sogar den Bundestrainer oder einen anderen Promi zu Gesicht zu bekommen.

Nach dem Abpfiff ist dann ziemlich schnell Schluss, die Masse drängt schnell zum Ausgang. Bei unwichtigen Spielen gehen viele

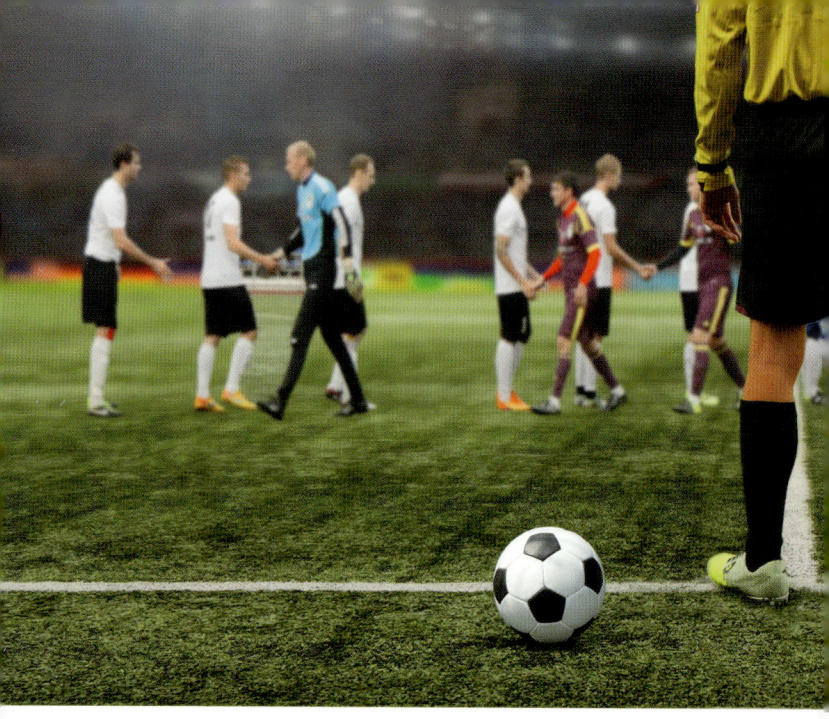

Fans schon Minuten vor dem Abpfiff, weil die S-Bahnen ansonsten so voll sind. Wenn die Heimmannschaft vom Gegner vermöbelt wird, streben auch schon zwanzig Minuten vor Schluss viele Fans zum Ausgang. Die meisten VIPs gehen immer zeitig vor dem Abpfiff ins Innere des Stadions, egal wie der Spielstand lautet. Die Mannschaft bedankt sich in der Fankurve, wird je nach Spielstand bejubelt oder beschimpft, und dann ist Feierabend.

Zumindest für die Stadionbesucher.

Während sich die Aktionen rund um das Spiel am Ort des Geschehens selbst tatsächlich noch in Grenzen halten, hat die mediale Berichterstattung in den letzten Jahrzehnten deutlich an Fahrt aufgenommen.

Fans am Fernseher bekommen noch viel mehr Drumherum als die Stadionbesucher.

In den Achtziger- und Neunzigerjahren hat sich die Fußball-

woche auf den Samstag beschränkt. Da hat mir noch die Radio-konferenz von WDR 2 das Saubermachen des elterlichen Autos versüßt. In der ARD-Sportschau gab es dann die ersten Bilder von Lothar Matthäus' Traumtor zu sehen, und im ZDF Sport-studio konnte ich ihn dann im Interview hören.

Bei den großen Turnieren gab es schon ausführliche Vor- und Nachberichte, die ich regelrecht aufgesaugt habe. Ich erinnere mich noch an die elterliche Vorgabe für das EM-Finale 1988. Holland gegen Russland.

‚Während der Halbzeitpause wird aber ausgeschaltet.' Haben wir auch gemacht. Trotzdem belief sich die reine Nettozeit, die wir vor der Glotze saßen, auf knappe sechs Stunden. 90 Minuten Spiel, der Rest waren Berichte und die Siegerehrung.

Wir haben es ausgereizt. Damals war ich neun, und hätte ich damals schon das heutige 24/7-Fußballangebot gehabt, glauben

Sie mir, ich wäre nie wieder freiwillig von der Couch aufgestanden.

Denn ich liebe diese Art der Berichterstattung. Dank der Sportsender bin ich immer informiert. Die stellen ihre Reporter jeden Montag nach einem Spieltag vors Trainingsgelände. Ist der Trainer noch da? Sind die Streitereien beigelegt?

Am Dienstag steht die PK zum Europapokalspiel an. Wer ist verletzt? Warum war der Stürmer nicht beim Abschlusstraining? Am Flughafen wird die gegnerische Mannschaft begleitet.

Mittwochs ist Spieltag. Mit eingeblendetem Countdown ‚Noch 9 Stunden'. Donnerstags wird das Spiel ausführlich analysiert und die Chancen fürs Wochenende eingeschätzt.

Freitags verletzt sich der Torjäger, und auch das wird ausführlich begleitet.

Am Samstag dann wieder Spieltag. Mit Expertenrunde. Selbst während des Spiels werden die ehemaligen Schiedsrichter dazugeschaltet.

Nach dem Spiel Analyse, Analyse, Analyse.

Am Sonntag Talkrunden und Nachberichte bzw. Vorberichte der Sonntagsspiele. Und dann fängt das Ganze wieder von vorne an.

Mittlerweile habe ich wenig Zeit für solche Berichte, aber sie üben nach wie vor eine unheimliche Faszination aus.

Denn die Geschichten rund um das Spiel oder das Turnier sind das Salz in der Suppe. Ich gebe es zu: Mich interessiert das Drumherum. Ich finde es interessant zu wissen, wie der Trainer mit der Mannschaft spricht, wie die Mannschaft trainiert hat und wie der Torjäger mit seiner Ladehemmung umgeht.

Und ja, mich interessiert auch, was Messi und Ronaldo gerade machen, warum Mats Hummels ein Prozent seines Einkommens spendet und welche Meinung die Spieler zur aktuellen politischen Lage haben.

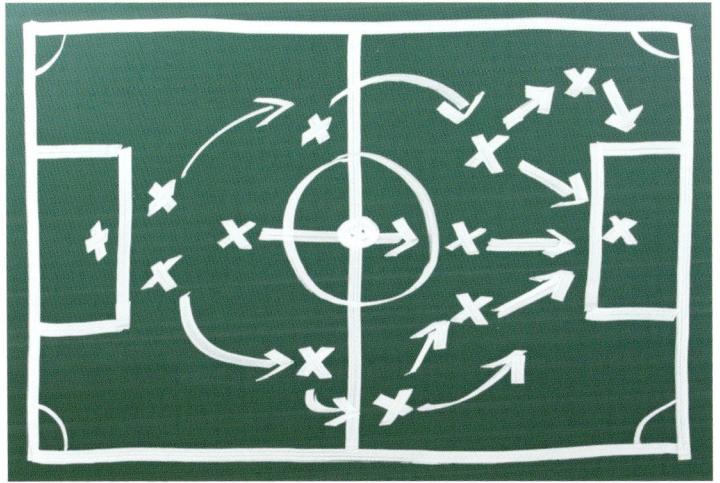

Ich genieße Statistiken vor großen Länderspielen, freue mich über die gefühlt hundertste Schalte zur Fanmeile und gucke auch gerne mal ins Archiv, wenn es heißt: „Und jetzt schauen wir uns noch mal die Highlights der letzten Duelle dieser beiden Mannschaften an."

Auch nach dem Spiel freue ich mich auf die Interviews und Analysen. Vorrangig natürlich, wenn die eigene Mannschaft gewinnt.

Auch bei der WM in Russland wird ein unfassbar medialer Aufwand betrieben, um uns Fans das Spiel schmackhaft zu machen. Selbst wenn das ZDF Moderator Oliver Welke und Experte Oliver Kahn gar nicht nach Russland schickt und die beiden uns aus Baden-Baden informieren – wir werden alles erfahren.

Noch mal: Ich liebe diese Art der Berichterstattung!

Aber manchmal habe ich das Gefühl und die Angst, dass durch dieses ganze Drumherum das Spiel in den Hintergrund gerückt wird.

Dass das, worum es eigentlich geht, immer unwichtiger wird, weil die Zahl der Spielertattoos wichtiger ist als die Leistung auf dem Platz.

Es ist ein schmaler Grat.

Und auch hier bietet mir der Fußball einen nachdenklichen Transfer ins Leben. Denn das kenne ich aus meinem Alltag auch.

Was ist mir wichtig im Leben? Worauf kommt es an? Was steht bei mir im Fokus? Und was ist ‚Nice to Have‘ oder überhaupt nicht nötig? Was ist das Zentrum?

Ich habe den Spruch von Sepp Herberger mal etwas abgewandelt und mit einem Platzhalter versehen:

Im Zentrum meines Lebens steht

_____

und das irdische Leben dauert
(wenn alles gut geht) so knapp 90 Jahre.

Du kannst an der Stelle, an der das entscheidende Wort fehlt, ihren Favoriten eintragen und darüber nachdenken.

Der Sinn des Lebens ist in einem Wort oder kurzen Satz vielleicht gar nicht auf den Punkt zu bringen, aber darum geht es auch überhaupt nicht. Es macht Sinn, sich mit dem Zentrum des eigenen Lebens mal auseinanderzusetzen. Ihm auf die Spur zu kommen.

Und dabei bin ich auf den Text gestoßen, der mich sehr nachdenklich gemacht hat. Es ist ein Text aus der Bibel. Ein sehr bekannter Text. Er stammt von dem Apostel Paulus, und er erklärt einer Gemeinde das Fundament des christlichen Glaubens.

Der Text steht im 1. Korinther 13, 1–7.

Paulus beschreibt dort den einzigartigen Wert der Liebe.

Paulus beschreibt das sehr klug, denn bevor er die Liebe hervorhebt, geht es um die verschiedenen Talente und Gaben, die in einer christlichen Gemeinde so vorhanden sind: ein starker Glaube, der Berge versetzt zum Beispiel, oder prophetisches Reden oder das Unterstützen von armen Menschen.

Und dann sagt Paulus: Jetzt will ich euch noch zeigen, was viel wichtiger ist, was alles andere in den Schatten stellt, und das ist: die Liebe!

Denn alle Gaben, mit denen sich Christen rühmen, sind nichts wert, wenn sie nicht mit Liebe genutzt werden.

Die Liebe ist das Zentrum. Alles andere ist drum herum.

Wenn ich als Theologe meine, die große Erkenntnis zu besitzen, und mit tollen Argumenten den Glauben erkläre, ist das alles nichts wert – ohne Liebe.

Auch diakonisches Handeln – ohne Liebe nichts wert.

Und dann beschreibt Paulus die Liebe.

Die Liebe ist geduldig.

Gütig ist sie, die Liebe.

Die Liebe eifert nicht.

Sie prahlt nicht und spielt sich nicht auf.

Sie ist nicht taktlos.

Sie sucht nicht den eigenen Vorteil.

Sie ist nicht reizbar.

Sie trägt das Böse nicht nach.

Sie freut sich nicht, wenn Unrecht geschieht.

Aber sie freut sich, wenn die Wahrheit siegt.

Sie glaubt alles.

Sie hofft alles.

Sie hält allem stand.

In erster Linie schreibt er das an die Gemeinde in Korinth. In deren Gemeinde lag einiges schief, und deshalb musste Paulus da Klartext schreiben.

Und dieser Brief richtet sich trotzdem auch an jeden Leser dieses Textes. Bei mir im Leben liegt auch einiges schief. Das Zentrum, die Liebe, die ich empfinde, ist ausbaufähig.

Weil das Drumherum so laut ist zum Beispiel. Ich fokussiere mich zu selten auf das, was wirklich wichtig ist.

Und weil ich die Liebe, so wie Paulus sie beschreibt, von mir selbst aus gar nicht richtig leben kann. Sie ist unerreichbar, wenn ich sie so durchdekliniere.

Das frustriert.

Aber irgendwann einmal habe ich gemerkt, dass Paulus hier die Liebe beschreibt, mit der Gott uns liebt!

Nicht wir lieben so, sondern Gott liebt uns so, und er verlangt gar nicht, dass wir diese perfekte Liebe leben. Das verlangen wir immer gegenseitig von uns. Nicht nur im Rahmen des Glaubens, sondern im Leben an sich. Und das führt zu Enttäuschungen.

Wenn in meinem Zentrum die Liebe steht, die ich von Gott bekomme, dann kann ich viel entspannter mit meinen Mitmenschen umgehen.

Wenn ich diese bedingungslose Liebe spüre, dann kann ich mich dafür einsetzen, andere und anderes mit meinem begrenzten Rahmen der Liebe zu akzeptieren.

Dann geht es wieder um das Zentrum. Und das gibt dem Spiel des Lebens einen Sinn.

> *Liebe ist die stärkste Macht der Welt, und doch ist sie die demütigste, die man sich vorstellen kann. Ich kann dir nicht wehtun, ohne mich selbst zu verletzen.*
>
> Mahatma Gandhi

#Ich glaube an den Fußball-Gott

Kurze Auszeit

Halbzeit – kurz mal durschnaufen. 0 : 0 steht es. Glücklich für uns. Wir sind jetzt aber besser drin im Spiel. Nach der Anfangsnervosität haben wir den Gegner mittlerweile gut im Griff. Wir gehen in den Tunnel. Ein bisschen ,Trash-Talk' mit dem Gegner. Einige Spieler versuchen, den Schiedsrichter auf dem Weg in die Kabine abzupassen und mit ihm die eine oder andere unklare Szene zu diskutieren. Ich höre nicht zu, befinde mich auch innerlich schon im Tunnel. Konzentration hochhalten. Der Trainer spricht zwei, drei Dinge an. Es ist ruhig. Ich wechsle das Trikot.

Und dann schließe ich zwei Minuten die Augen. Bin raus aus der Kabine, raus aus dem Stadion. Kurz neue Energie tanken.

Erst die Ansage ,Noch zwei Minuten, Jungs' vom Torwarttrainer holt mich wieder in die Gegenwart. Wir klatschen uns noch mal ab und gehen als geschlossenes Team wieder zurück auf den Rasen. Ich fühle mich frisch. Motiviert. Noch mal 45 Minuten Gas geben.

Fußball ist religiös aufgeladen. Nicht umsonst gleicht das Stadion einer Kathedrale, die Fangesänge folgen dem Muster einer Liturgie mit Vorsänger und Gemeinde, und gebetet wird auch häufig. Vor allem dann, wenn es ins Elfmeterschießen geht oder sich die letzten Minuten bei ei-

ner knappen Führung wie Kaugummi hinziehen.

Die Rede vom ‚Fußball-Gott' schwingt immer mal wieder mit, wenn es um glücklich gewonnene oder unglücklich verlorene Partien geht.

Besonders in Erinnerung geblieben ist mir eine tragische Aussage von dem ehemaligen Schalke-Manager Rudi Assauer. Er war einfach fassungslos nach der legendären ‚4 Minuten'-Meisterschaft 2001, in der sich Schalke 04 in Gelsenkirchen schon als Meister gefühlt hatte, bevor der FC Bayern München im Hamburger Volksparkstadion in der Nachspielzeit noch das entscheidende Tor schoss. Somit hatte der Club aus dem Süden ausgeglichen und den entscheidenden Punkt eingefahren.

Damals hatten die Schalker schon gefeiert, da sie aufgrund einer falschen Aussage eines Reporters davon ausgegangen waren, dass das Spiel in Hamburg schon vorbei wäre.

War es aber nicht.

Die Tragödie war perfekt. Die Schalker Spieler weinten hemmungslos. Und auch der Manager Assauer schämte sich seiner Tränen nicht. Im Interview sagte er dann: „Ab sofort glaube ich nicht mehr an den Fußball-Gott."

Denn wenn es einen Fußball-Gott geben würde, so hätte er seiner Meinung nach nicht dem titelverwöhnten FC Bayern diesen späten Treffer geschenkt. Und hätte die tapferen Schalker nicht vom Himmel des gefühlten Titelgewinns in die Hölle der Realität fahren lassen.

Das alles hat für mich aber relativ wenig mit Gott zu tun.

Ich glaube trotzdem, dass es einen Fußball-Gott gibt.

Genauso wie einen Gott der Musik, einen Gott der bildenden Kunst, einen Gott der Mathematik, einen Gott des Essens, einen Gott der Sprachen, einen Gott der Natur, einen Gott der Physik, der Chemie, der Biologie ...

Es sind für mich keine verschiedenen Götter, sondern es ist der eine Gott.

Der hat sich die Menschen, die ganze Welt und damit auch die schönste Nebensache der Welt, den Fußball, ausgedacht. In dem er uns Menschen dazu befähigt, sich Dinge auszudenken und weiterzuentwickeln.

Und das hat wahnsinnig gut funktioniert.

Zum Beispiel der Fußball. Es ist doch unfassbar, was aus diesem Bewegungsspiel im Laufe der Jahrhunderte geworden ist. Ohne Sie mit vielen historischen Details zu langweilen, folgen hier nur drei Fakten aus der Vergangenheit, die Sie vielleicht noch nicht kennen:

○ Bereits im zweiten Jahrtausend vor Christi wurde in China ein fußballähnliches Spiel betrieben.

○ 1848 verfassten Studenten der Universität Cambrigde die ersten Fußballregeln.

○ Seit 1866 treibt die Abseitsregel viele Fans zur Verzweiflung.

Keine Ahnung, in welcher Form Gott daran beteiligt war, aber ich sehe das Schöpferische in allen Dingen, also auch im Fußball.

Ich glaube, dass Gott Spaß daran hat, wenn er sieht, wie sich die Dinge entwickeln, die er angelegt hat.

„Angenommen, ich wäre Gott", sagt Prof. Dr. Ivo Gut, der Direktor des Nationalen Genom-Analyse-Zentrums in Barcelona, einem Institut, das das Erbgut des Menschen untersucht, in einem Interview. „Das Letzte, was ich tun würde: alles vorbauen. Nein, ich würde ein System bauen, das sich selbst entwickeln kann."

Wie die Medizin oder die Technik, so hat sich auch der Fußball weiterentwickelt. Stück für Stück.

Gut, das ist jetzt im Gesamtkontext der Weltgeschichte nicht so elementar wie andere Entwicklungen, aber es ist trotzdem spannend. Übrigens: Auch Deutschland hat seinen Teil dazu beigetragen. Zum Beispiel in Sachen Schuhe.

Bei der Fußball-WM 1954 in der Schweiz hat der Schuhfabrikant Adi Dassler der deutschen Nationalmannschaft die ersten Schraubstollenschuhe zur Verfügung gestellt. Die waren damals eine Sensation.

Zufall? Eigenes Geschick?

Nein, ich glaube an ein Eingreifen vom Fußball-Gott. Und vom Gott des Schuhhandwerks. Und vom Gott des Unternehmertums.

Denn schon ab den Dreißigerjahren haben einige Hersteller versucht, Schuhe speziell für Sportler herzustellen. Die Dassler Schuhfabriken hatten den meisten Erfolg, und damit sind die Dassler-Brüder Adolf und Rudolf die Pioniere für die Verknüpfung zwischen Sport und Wirtschaft. Die beiden Brüder haben sich dann zerstritten, Adolf Dassler hat die Marke ‚adidas‘ gegründet und Rudolf Dassler die Marke ‚Puma‘. Beide sind immer noch Global Player.

PUMA, adidas, Nike und Co. sind auch maßgeblich mit dafür verantwortlich, dass der Fußball eine so starke und globale Kraft hat. Durch das Sponsoring haben Fußballclubs viel mehr finanzielle Möglichkeiten. Der Fan kauft, und das Unternehmen profitiert.

Werbung hat auch dazu beigetragen, dass der Fußball auf der Beliebtheitsskala ganz weit oben steht.

So weit oben, dass es schon einige gibt, die sich den ‚alten Fußball‘ zurückwünschen. Ohne Videoschiedsrichter, mit ein bisschen weniger Kommerz und wieder mehr Herzblut. Wobei es das ja auch noch zur Genüge gibt. Auf dem Dorfplatz um die Ecke und in der Arena des Profiklubs.

Aber es lohnt sich schon, sich kritisch mit diesem Thema auseinanderzusetzen. In eigener Sache, versteht sich.

Ich finde längst nicht alles toll, was im Fußballzirkus vor sich geht. Korruption, schwindelerregende Transfersummen, Gewalt auf den Rängen und Doping gehören für mich nicht dazu, aber leider habe ich auch meinen Teil dazu beigetragen, dass es dazu kommen konnte.

Denn ich liebe den Fußball, und ich habe mir die WM 2010 in Südafrika angeschaut, ohne rot zu werden ob der menschenverachtenden Bedingungen, denen viele Menschen vor Ort ausgesetzt waren und von denen ich durch diverse Berichte erfahren hatte.

Genauso ging es mir bei der WM in Brasilien auch. Und auch die WM in Russland ist ja nicht so ganz frei von Skandalen. Auch dieses Turnier werde ich mir ziemlich sicher im Fernsehen anschauen.

Deshalb tue ich mich schwer, mit dem Finger auf andere zu zeigen, wenn es darum geht, die Nachhaltigkeit und die Menschenrechtsverletzungen anzuprangern.

Das wurde mir besonders deutlich, als ich beim Pressetermin des Deutschen Fußballmuseums in Dortmund war. Es sollte Ende des Jahres 2015 eröffnet werden, und aus diesem Grund hatten die Offiziellen die Presse geladen.

Ich war für die Bildungsredaktion des WDR angemeldet, denn wir wollten eine Sendung aus dem Fußballmuseum übertragen. Das Thema war, wen wundert es, Fußball, und ich habe den Termin genutzt, um mich schon einmal mit den Räumlichkeiten vertraut zu machen, in denen wir dann zu einem späteren Zeitdruck drehen wollten. Der Pressetermin rückte näher – und kurz vorher wurde bekannt, dass die Vergabe der Fußballweltmeisterschaft 2006 nach Deutschland evtl. nicht ganz mit rechten Dingen zugegangen sein soll.

Franz Beckenbauer, Günter Netzer und auch der damalige DFB-Präsident Wolfgang Niersbach standen im Fokus der Ermittlungen. Die Pressekonferenz war somit der erste öffentliche Auftritt von Wolfgang Niersbach nach der Veröffentlichung im ‚Spiegel‘.

Die Pressekonferenz war rappelvoll. Wolfgang Niersbach hat ein Statement abgegeben, aber keinerlei Fragen beantwortet.

Die bevorstehende Eröffnung des Museums wurde quasi zur Nebensache. In den nächsten Wochen und Monaten war der Aufschrei groß. Der gute Ruf des ‚Sommermärchens‘ wurde nachhaltig beschädigt, und weitreichende Konsequenzen wurden gefordert.

Die angebliche schwarze Kasse von 6,7 Millionen war in aller Munde. Ausgerechnet Deutschland soll sich unmittelbar an den Korruptionsmachenschaften der FIFA beteiligt haben.

Und was ist geblieben? Jetzt, Jahre später? Wolfgang Niersbach trat zurück, und auch Franz Beckenbauer zeigt sich immer weniger in der Öffentlichkeit. Der Ruf von einigen Lichtgestalten scheint ruiniert.

Die Ermittlungen dauern zwar noch an, aber ich habe das Gefühl, dass sie im Sand verlaufen.

Und jetzt kommt das Schlimme:

Mir macht das überhaupt gar nichts aus. Das ist die schwarze Seite der Fußballbegeisterung. Mich interessiert es nicht mehr, was damals war. Auch wenn es ungerecht zuging.

Wenn ich an Ungerechtigkeiten im Fußball denke, dann fällt mir als Allererstes das Wembley-Tor 1966 ein, das England gegen Deutschland zum Weltmeister machte und natürlich kein Tor war.

Aber ich denke nicht an die vielen Menschen, die auf Kosten des Fußballs leiden, ihre Häuser verlassen müssen oder so schamlos ausgenutzt werden, dass sie mit dem Leben dafür bezahlen.

Mir macht es auf einmal auch relativ wenig aus, was in Russland abläuft. Die Menschenrechtsorganisation ‚Human Rights Watch‘ kritisiert die Bedingungen für Arbeiter auf sechs WM-Baustellen deutlich und für jeden wahrnehmbar. [11]

Aber ich überlese sie schnell. Weil es meinem Fansein nicht in den Kram passt.

Bei allen tollen Dingen, die der Fußball hervorbringt; er verklärt mein Gewissen. Und da kommt wieder die Rolle des Fußball-Gotts ins Spiel. Klar kann ich von einem Schöpfer des Himmels und der Erde fordern, dass er doch bitte mal eingreifen und sich um die armen Arbeiter auf den Baustellen kümmern soll.

Schließlich ist er allmächtig, oder!?

Ich befürchte aber, dass es damit nicht getan ist und dass es zu einfach wäre, Gott für solche Dinge in die komplette Verantwortung zu ziehen, nur damit ich mein Gewissen beruhige.

Ich habe die leise Vorahnung: Es geht dabei um mich!

Ich muss Verantwortung übernehmen. Nicht nur in den Bereichen, die mir sowieso leichtfallen. Ich verschenke sehr gerne ein paar Euros am Bahnhof und war lange im Vorstand eines Projekts, das sich für bedürftige Kinder einsetzt. No problem!

Aber ich scheue davor zurück, bei meiner Lieblingssportart genauer hinzuschauen. Weil ich die Konsequenzen nicht tragen möchte.

Die letzte Begründung, die mich beruhigen soll: Was kann ein Einzelner schon ausrichten?

Nix!

Stimmt aber nicht.

Ich habe Freunde, die die WM in Brasilien mehr oder weniger boykottiert haben. Weil sie es mit ihrem Gewissen nicht vereinbaren konnten.

Ich habe sie belächelt. Vorher.

Und bedauert. Nachher.

Und im Stillen habe ich sie bewundert.

Ich habe keine Ahnung, wie ich mich verhalten soll.

Aber eins weiß ich: Das kann ich nicht auf Gott abwälzen.

Auch nicht auf den Fußball-Gott.

Deshalb endet dieses Kapitel auch etwas unvollständig. Mit einem faden Beigeschmack. Es gelingt mir nicht, ein gutes Ende zu finden.

Es wäre zu einfach. Denn die nächste WM steht ins Haus.

Und dann die nächste EM.

Und dann die nächste WM.

Ich möchte nicht mehr wegschauen.

Außer Form

Heute spielt er irgendwie mit angezogener Handbremse. Unsere hängende Spitze ist der Star der Mannschaft, ganz klar. Normalerweise sieht das auch jeder auf dem Platz. Heute irgendwie nicht. Er zeigt Unsicherheiten. Ein paarmal ist ihm der Ball versprungen. Er spielt viel schneller ab als sonst. Seine Körpersprache ist auch nicht so selbstbewusst wie sonst.

Jetzt, mitten in der zweiten Halbzeit, scheint er regelrecht unterzutauchen. Das merkt auch unser Gegner. Wie heißt es so schön: Sie haben ihn komplett aus dem Spiel genommen. Glücklicherweise funktioniert der Rest des Teams. Sie scheinen regelrecht über sich hinauszuwachsen. Unser Sechser räumt nicht nur in gewohnter Manier alles ab, sondern er zieht die Fäden im Mittelfeld und sorgt damit immer wieder für überraschende Momente, mit denen selbst unser Gegner nicht gerechnet hat.

Ich habe ein gutes Gefühl. Auch ohne die Topform unseres Stars.

Früher hießen sie Ferenc Puskás, Franz Beckenbauer, Johan Cruyff, dann Diego Maradona, Lothar Matthäus, Roberto Baggio und heute Lionel Messi, Christiano Ronaldo und Neymar.

Diese und andere Topstars sind in aller Munde. Und das ist auch gut so. Denn alle von mir genannten Spieler waren zu ihrer Zeit sensationell gute Kicker. Durch Talent, Fleiß und auch ein wenig Glück sind sie da gelandet, wo das Scheinwerferlicht am hellsten strahlt.

Auch die Weltmeisterschaften haben dazu beigetragen. Im richtigen Moment gute Leistung zu zeigen, das zahlt sich aus. Für Lothar Matthäus war es die Weltmeisterschaft 1990, die ihn zum Weltstar katapultierte. Diego Maradona hat bei der WM 1986 brilliert, und Franz Beckenbauer hat so einige große Turniere hingelegt.

Solche Spielertypen sind wichtig. Denn neben den fußballerischen Eigenschaften haben sie meist auch den gewissen Glamourfaktor, den man braucht, um nicht einfach nur ein guter Spieler zu sein, sondern den gewissen Mehrwert zu bieten, den ein Megastar einfach braucht.

Spieler sind heute zu Marken geworden. Der vierfache Weltfußballer Ronaldo ist überhaupt das beste Beispiel, wenn man sich über ‚den Fußballer als Topstar‘ Gedanken machen möchte. Er ist der Prototyp.

Die Buchstaben- und Zahlenkombination CR7 ist weltbekannt. Seine Jubelposen werden von achtjährigen Jungen und Mädchen auf dem Schulhof kopiert. Die Art, für einen Freistoß Anlauf zu nehmen, üben die Kreisligakicker jeglichen Alters im Training.

Er hat ein Modelabel, ein Hotel, eine eigene Statue, ein eigenes Museum, über 50 Millionen Follower bei Twitter - und er sieht auch noch verdammt gut aus.

Das alles schreibe ich ohne Neid.

Ich gönne es ihm von Herzen. Wirklich. Ich finde, dass Spielertypen wie Ronaldo sehr viel für den Sport tun. Klar, die alte Leier von der unverhältnismäßigen Bezahlung und dem angeblich arroganten Getue kenne ich auch. Aber ich finde es ermüdend, sich darüber zu unterhalten.

Das liegt daran, dass mich solche Spielertypen überhaupt nicht interessieren. Ich finde Megastars richtiggehend langweilig.

Sie sind mir zu glatt und zu perfekt. Meist sind es Offensivspieler, die im Mittelpunkt des Interesses stehen, und auch die interessieren mich weniger.

Ich habe es vor allem in den Topstarzeiten von Lothar Matthäus und Diego Maradona in den Achtziger- und Neunzigerjahren gemerkt. Dann, wenn wir in der Schulpause vor großen Turnieren Panini-Bilder tauschten, war ich eher auf Klaus Augenthaler oder Jürgen Kohler (beides ehemalige Abwehrspieler der deutschen Nationalmannschaft) scharf.

Maradona und Matthäus waren mir egal.

Ich liebe eher die Spielertypen, die im Hintergrund agieren. Die stillen Stars. Die Abräumer.

Die findet man heutzutage gar nicht mehr so einfach. In Zeiten, in denen jeder Ersatzspieler der Ersten und Zweiten Liga einen eigenen Instagram-Account hat und sein Privatleben teilt, sind gefühlt alle Megastars. Egal ob Stürmer oder Innenverteidiger. Das liegt zum Teil auch an den heutigen Spielsystemen.

An meiner Vorliebe hat das nichts geändert. Auch heute mag ich Spielertypen wie Javier Martinez vom FC Bayern oder Jonas Hector vom 1. FC Köln lieber als Aubameyang vom BVB.

Auch im Leben an sich bin ich eher an den Menschen interessiert, die nicht die große Show abziehen oder im Rampenlicht stehen. Es sind die stillen Helden, und es scheint, als würden sie sich in der Rolle ganz wohl fühlen.

Solche Menschen sind unheimlich wichtig. Es sind die ‚Helden aus der zweiten Reihe'.

Im Fußball ist das leicht erklärt. Ohne Mitspieler, die für die Topstars nach hinten arbeiten, könnte kein Ronaldo dieser Welt glänzen. Es sind vor allem die Defensivspieler, die die Offensivkünstler strahlen lassen. Das merkt man nur nicht immer sofort.

Anhand von Romanhelden ist das auch leicht erklärt – was wäre Sherlock Holmes ohne Dr. Watson oder Batman ohne Robin? Jeder Held hat seinen Co-Star, der für ihn wichtig ist und ihm zwischendurch auch mal sein Leben rettet.

Beim Übertrag ins wahre Leben ist das etwas schwieriger. Da hilft mir das Buch des Lebens, die Bibel, denn da wimmelt es von solchen Helden.

Ich möchte Ihnen ein paar davon vorstellen:

Jonathan zum Beispiel.

Der war der Sohn des ersten Königs von Israel und damit eigentlich wie geschaffen für die Rolle eines Stars. Allerdings nur

bis David kommt, der einfache Hirte von nebenan. Der ist nämlich von Gott persönlich zum König bestimmt worden. Außerdem hat dieser David den stärksten Krieger eines feindlichen Volkes umgelegt. Ein wahrer Held eben.

Der Vater von Jonathan, König Saul, ist erst noch angetan von David, dann aber doch nicht mehr so begeistert. Er fürchtet um seinen Thron. Und auch Jonathan selbst als prädestinierter Thronfolger hätte schon einige Gründe, um David zu meiden, doch er und David werden dicke Freunde. Jonathan akzeptiert anstandslos, dass die Wahl Gottes auf David gefallen ist. Er verteidigt seinen Freund sogar gegenüber seinem Vater und setzt dadurch sein eigenes Leben aufs Spiel, als Saul David zu seinem Erzfeind erklärt.

Jonathan ist nun wirklich nicht der typische Zweitplatzierte, sondern er ist der große Gewinner. Was mich an ihm beeindruckt, ist das große Selbstbewusstsein und das Gottvertrauen, eigene Machtansprüche loszulassen und in die zweite Reihe zu treten.

Oder Aaron.

Der Bruder des großen Mose, des großen Befreiers des Volkes Israel. Aaron war mehr so sein Wasserträger. Die beiden haben sich ganz gut ergänzt. Aaron konnte gut organisieren. Mose war ein Mann der Tat. Aber von Anfang an war klar: Mose ist der

Star. Er wird in der Bibel zum Beispiel immer zuerst genannt. Irgendwie blieb Aaron immer der kleine Bruder.

Das hat ihn mit der Zeit ganz schön genervt. Deshalb hat er einmal die Chance ergriffen und sich selbst zum Topstar erklärt.

Als Mose auf dem Berg Sinai war, wo er die Zehn Gebote in Empfang nehmen sollte, schlug Aarons vermeintlich große Stunde.

Was soll man sagen? Das ging gründlich schief. Das goldene Kalb, das maßgeblich auf Aarons Mist gewachsen war und das dem Volk Israel Gott endlich mal sichtbar machen sollte, war ein großer Reinfall. Aaron bekam einen ordentlichen Anschiss von seinem großen Bruder und zog sich mit gesenktem Kopf schnell wieder in die zweite Reihe zurück.

Ich bewundere Aaron trotzdem. Weil er einerseits so treu und andererseits so menschlich daherkommt. Ich glaube, dass es echt schwer ist, sich mit so einer Rolle abzufinden. Trotzdem stellte er sich immer zu seinem Bruder.

Ich glaube, dass es für Gott o.k. ist, auch mal ins Rampenlicht zu wollen. Und das kann ja auch funktionieren. Von Aaron lerne ich, dass es manchmal wichtiger ist, etwas Höherem zu dienen als dem eigenen Ego.

Oder Nathan.

Was für ein krasser Typ. Der hatte die Aufgabe, einem König mal ordentlich die Meinung zu sagen. Im Auftrag Gottes. Denn dieser König von Israel, der oben schon erwähnte Topstar David, hatte einem seiner Soldaten die Frau ausgespannt. Und damit nicht genug. Er hat den Soldaten in ein Himmelfahrtskommando geschickt, wo er dann auch getötet wurde. Das fand Gott nicht gut. Und Nathan sollte ihm das ausrichten. Im Namen Gottes.

Das gestaltete sich etwas schwierig. Denn Könige darf man nicht so einfach auf einen Fehler hinweisen. Deshalb trickst Nathan David aus. Er erzählt eine Geschichte von zwei Männern, der eine reich, der andere arm.

Der Reiche hatte viele Schafe und Rinder und der Arme nur ein einziges Schaf.

Der reiche Mann bekam Besuch, wollte ihm ein Schaf zum Essen anbieten, konnte sich aber von keinem seiner Schafe trennen. Also nahm er das einzige Schaf des armen Mannes und setzte es dem Gast vor.

Nachzulesen ist die Geschichte in 2. Samuel 12,1–4.

Genau die Story von David und der Frau, nur verpackt, damit David sich nicht rausredet.

Der checkt tatsächlich nichts und wird sehr wütend. Er fragt: „Wer ist dieser Mann? Dafür soll er büßen."

Touché.

Ich stelle mir vor, dass Nathan eine kurze Pause gemacht hat, und dann antwortet: „Du bist es selbst, mein lieber David."

David fühlt sich ertappt und bekennt: „Ich habe gesündigt."

Damit hat Nathan seinen Job erledigt und zieht sich wieder zurück.

Und dieser Held aus der zweiten Reihe beschert mir tatsächlich eine sehr leichte Übertragung auf mein Leben. Wie schnell rege ich mich über Ungerechtigkeiten auf! Wenn ich mitbekomme, dass zwei Menschen über einen Dritten lästern, dann nervt mich das tierisch. Komischerweise habe ich aber wenig Probleme damit, mich bei meinen Freunden über die eine oder andere nicht gelungene Situation eines anderen Menschen zu beklagen. Ohne, dass der anwesend ist natürlich.

Kurz gesagt: Ich verhalte mich falsch, nehme das aber nicht immer wahr. Erst wenn ich gerade mit dem Finger auf andere zeigen möchte, merke ich: Hoppla, du bist ja kein Stück besser! Dann schäme ich mich wie David.

Und ich bin froh, dass es auch bei mir im Umfeld Menschen gibt, die mich dann darauf hinweisen und sagen: „Daniel, denk mal nach, wie du über andere redest."

Es gibt sie nämlich auch mitten im Alltag,
die Helden aus der zweiten Reihe.

An jeder Ecke eigentlich. Sie fallen nicht auf den ersten Blick ins Auge. Man muss genauer hinsehen. Sie halten unserer Gesellschaft den Rücken frei. Sie tragen dazu bei, dass die Stimmung in unserem Land noch nicht ganz gekippt ist.

Ich nenne sie ‚Wertschätzer der Herzen‘, und sie sind wirklich überall.

Sie helfen auch jetzt noch Menschen, die aus Kriegsgebieten zu uns geflüchtet sind, dabei, Deutsch zu lernen und sich bei uns zurechtzufinden.

Sie opfern ihre Freizeit, um Obdachlosen in der kalten Jahreszeit eine Suppe oder einen Schlafsack zu bringen.

Sie kümmern sich aufopferungsvoll um ihr krankes Familienmitglied, ohne je ein ‚Danke‘ zu bekommen.

Sie stehen mitten in der Nacht auf, um zur Arbeit zu gehen, damit ihre Familie durchkommt.

Sie heißen nicht Messi oder Ronaldo.

Auch nicht Aaron oder Nathan.

Sie werden nie einen goldenen Pokal gewinnen.

Sie heißen Franzi, Ralf, Leon oder Torsten.

Sie werden nie im Rampenlicht stehen.

Aber sie sind trotzdem Helden und Vorbilder. Und Gesegnete.

WERTSCHÄTZUNG

Eine für mich als Fußballer besonders wertschätzende Situation erlebte ich vor einigen Jahren beim Verein VfR Aalen. Damals war ich Stammspieler, und wir stiegen zum Ende der Saison in die 2. Bundesliga auf. Zum Saisonstart wurden neue Spieler geholt, und auf einmal war ich außen vor. Ich verlor meinen Stammplatz, hatte keine Chance mehr, mich zu beweisen oder überhaupt mitzuspielen. Das war eine sehr schwere Phase für mich, weil ich die Gründe überhaupt nicht nachvollziehen konnte. In Aalen besuchte ich regelmäßig einen Sportlerbibelkreis; durch die Teilnehmer und meine Teamkollegen erfuhr ich so viel Wertschätzung, dass ich mich immer noch als Teil der Mannschaft fühlte.

So konnte ich mich weiter motivieren, täglich zu trainieren und dranzubleiben, auch wenn ich nicht spielen durfte. Durch diesen Sportlerbibelkreis, den gemeinsamen Austausch über die Bibel und das ermutigende Miteinander erhielt ich ein Fundament, auf das ich aufbauen und durch das ich lernen konnte, mit dieser Situation umzugehen und nicht den Kopf zu verlieren. Durch die erfahrene große Wertschätzung, trotz meines sportlichen Tiefs, hatte ich nicht nur die Kraft, mich wieder heranzukämpfen, sondern diese Erfahrung hat für meine gesamte Karriere, bis hinein in mein Privatleben, eine ganz große Bedeutung, die mich enorm weitergebracht hat. Darüber bin ich sehr glücklich und sehr dankbar.

Foto: Sportfoto Zink

Enrico Valentini
*1961/Nürnberg
Nationalität Deutschland/Italien

Vereine: I. FC Nürnberg Jugend/U17/U19/II, VfR
Aalen, Karlsruher SC, I. FC Nürnberg

#Kopfsache?

Kurz vor dem Ziel

Schiri, wie lange noch? So langsam müsste doch Schluss sein. Die 90 Minuten sind schon längst vorbei. Fünf Minuten Nachspielzeit wurden angezeigt. Ich puste durch. Auch wenn das erst unser viertes Spiel im Turnier ist, merke ich doch die ersten Anzeichen von Erschöpfung. Die Spieltaktung ist relativ schnell, und die Saison war hart. Egal, wir führen mit 1 : 0, und jetzt geht es darum, den Vorsprung über die Zeit zu retten. Koste es, was es wolle. Ich ertappe mich dabei, dass mein Blick öfter auf den Boden gerichtet ist. Eine normale Reaktion, wenn man ausgepumpt ist. Allerdings das völlig falsche Signal. ‚Kopf hoch‘, schreit unser Trainer, und ‚Brust raus‘. Mein Blick hebt sich, und während unser Innenverteidiger wegen eines Krampfes behandelt wird und unsere Gegner wild gestikulierend vor dem Schiedsrichter stehen, um ihn daran zu erinnern, dass diese Zeit aber bitte schön auch nachgespielt wird, hebe ich den Blick und schaue auf die Anzeigetafel: Eins zu null steht da. Wir stehen kurz vor dem Einzug ins Viertelfinale. Nur noch wenige Sekunden. Und mir wird wieder einmal bewusst, dass es hier gar nicht nur um meine fehlende Kondition geht, sondern vor allem um das, was in meinem Kopf passiert. Der Wille ist entscheidend. Die Verletzungsunterbrechung ist vorbei. Einwurf für unseren Gegner, der spielt überraschenderweise zurück zum Torwart. Der haut den Ball nach vorne. Aus den Augenwinkeln nehme ich wahr, dass der Schiedsrichter auf die Uhr schaut und die Pfeife in den Mund nimmt. Dann ertönt der Schlusspfiff.

Er hatte alles rausgehauen. Mehr ging nicht. Das habe ich sogar als 11-Jähriger am Fernseher meiner Großeltern gespürt. Jürgen Klinsmann opferte sich beim Achtelfinalspiel der deutschen Fußballnationalmannschaft 1990 gegen Holland förmlich auf.

Vorausgegangen war eine Rote Karte gegen seinen Sturmpartner Rudi Völler. Unberechtigt natürlich. Mit einem Mal war er allein in der Spitze. Gegen Holland. Den Erzfeind. Jürgen Klinsmann hatte bisher kein überragendes Turnier gespielt. Er war auch nicht unumstritten, ihm wurden mangelhafte technische Fähigkeiten vorgeworfen.

Und dann dreht Klinsmann auf. Er rennt, er ackert, er erspielt sich Torszenen. Die ganze Mannschaft merkt, was der deutsche Stürmer da abspult. Der berühmte Ruck geht durch das Team. Dann trifft Klinsmann den Pfosten. In seinem Gesicht sind bereits die Spuren der schwindenden Kondition zu sehen. Aber er macht weiter.

Dann endlich fällt das erlösende 1 : 0. Torschütze: Klinsmann. Deutschland gewinnt am Ende 2 : 1. Mit diesem Spiel hat der Stürmer sich selbst ein Denkmal gesetzt. Durch seine Willenskraft.

Jürgen Klinsmann war es auch, der in seiner Zeit als Trainer der Nationalmannschaft viel Wert auf die psychische Betreuung seiner Spieler gesetzt hat. Denn er weiß: Auch die mentale Stärke hat einen Anteil am Erfolg und Misserfolg. Er installiert bereits 2004 einen Mentaltrainer. Der Medienhype ist riesig. Für Klinsmann ist das ein alter Hut. Er lebte damals schon seit Jahren

in den USA, und dort ist die Arbeit mit dem Kopf zu der Zeit schon lange im Spitzensport angekommen.

Und damit entführe ich dich kurz in die Gedankenwelt von Spitzensportlern, für die die Arbeit mit dem Kopf wichtig ist. Es macht nichts, dass es dabei nicht direkt um Fußball geht. Die Mechanismen sind dieselben, und ein Blick über den Tellerrand kann nicht schaden.

Die erste wichtige Erkenntnis liefert die ehemalige Weltklassebiathletin Magdalena Neuner. Die sehr erfolgreiche Sportlerin hat in einem Interview erklärt, dass ihr die Trainingsarbeit für die Psyche geholfen hat, mit dem immensen Druck als Leistungssportlerin umzugehen. Sie hat gelernt, sich auf die positiven Aspekte ihres Lebens als Sportlerin zu fokussieren, und stellt fest: *„Das hat mein Leben unheimlich bereichert."* [12]

Dabei geht es nicht um irgendeinen Hokuspokus, sondern um kontinuierliche Arbeit, wie einer der profiliertesten Sportpsychologen, Lothar Linz, bestätigt. Für ihn geht es darum, „Prozesse über eine lange Zeit hinweg zu entwickeln".

Er ist sich sicher, dass es wichtig ist, sich nicht nur von Wettkampf zu Wettkampf oder von Spiel zu Spiel zu hangeln, sondern dass der Schwerpunkt kontinuierliche Arbeit über einen langen Zeitraum bedeutet.

Egal ob im Einzelsport oder als Team, für Lothar Linz ist es wichtig, den Athleten bestimmte Techniken mit auf den Weg zu geben. Zum Beispiel bei der wohl herausforderndsten Situation, in die ein Fußballer kommen kann. In dem ein Teamspieler zum Einzelkämpfer wird: Dann, wenn er in einem großen Turnier den entscheidenden Elfmeter verwandeln muss.

Ich habe noch nie einen so entscheidenden Elfmeter geschossen. Aber selbst durch meine begrenzten Erfahrungen von Hobbyturnieren weiß ich, dass der Weg vom Mittelkreis zum Elfmeterpunkt ganz schön lang sein kann und das Tor komischerweise immer kleiner wird.

Auf die Frage, was in solchen Momenten in dem Kopf von Profis vorgeht, sagt Lothar Linz:

„Sie haben plötzlich so viel Zeit, sich Gedanken zu machen. Und dann muss ein Athlet wissen, welche Gedanken ihm helfen, welche er also bewusst erzeugen und welche er unterbinden muss. Auch dafür gibt es Techniken. Zum Beispiel den sogenannten Gedankenstopp, bei dem man ganz aktiv versucht, störende Gedanken zu unterbinden, indem man sich ein Stoppzeichen vorstellt. Der Spieler hat vorher gelernt: Wenn ich ein Stoppzeichen benutze, nehme ich anschließend bestimmte Gedanken in den Griff, damit andere Gedanken da hineinkommen können." [13]

Ich ahne, welche Trainingsprozesse nötig sind, um im entscheidenden Moment so einen Gedankensport betreiben zu können.

Beim Sport gibt's auch noch mehr Komponenten, die die Leistung beeinflussen, aber die Kopfarbeit finde ich sehr faszinierend.

Es fasziniert mich, denn es hat auf den ersten Blick so gar nichts mit dem Sport an sich zu tun und ist trotzdem wichtig für den einzelnen Spieler und damit auch für das Team.

Eine gute Psyche ist gerade für Leistungssportler sehr bedeutend.

‚Psyche' ist übrigens altgriechisch und bedeutet ‚Seele'.

Und die kann noch viel mehr als Hochleistungssportlern unter

Druck zur Seite stehen. Die Seele des Menschen ist faszinierend. Denn es ist eines der größten Geheimnisse, das wir mit uns herumtragen. Die Seele ist so geheimnisvoll, dass niemand genau weiß, wo sie liegt.

Ärzte nicht. Wissenschaftler auch nicht. Die Seele ist das Paradebeispiel für etwas Nichtfassbares, Mystisches, über das jeder gerne mehr erfahren würde. Wir klammern uns an verschiedene Definitionen, die versuchen, einen Bruchteil dessen zu erfassen, was die Seele wirklich ist. Schon der antike griechische Philosoph Platon suchte die Seele im menschlichen Körper und verortete sie am ehesten im Gehirn. Den Beweis ist er schuldig geblieben, aber auch die Wissenschaft des 21. Jahrhunderts hat keine wesentlichen neuen Erkenntnisse zu bieten. Die Seele, wer oder was auch immer sie ist, hat es verstanden, im Gespräch zu bleiben, ohne viel von sich preiszugeben.

Und trotzdem ist sie sehr präsent. Redewendungen wie „Das tut mir in der Seele weh" oder „Mit Leib und Seele" sprechen Bände. Die Seele ist bei uns Menschen mitten im Leben.

Für mich hat die Seele eine Menge mit Gott zu tun. In der Schöpfungsgeschichte der Bibel steht:

Da machte Gott der HERR den Menschen aus Staub von der Erde und blies ihm den Odem des Lebens in seine Nase.

Dieser Atem wird von Generation zu Generation weitergegeben, und so trägt jeder Mensch etwas Göttliches in sich. Der göttliche Atem wird sozusagen weitervererbt.

Das ist eine schöne Definition von Seele, finde ich. Dieser Atem ist lebenswichtig für uns. Rein physisch, aber auch im übertragenen Sinn. Die Möglichkeit, zu fühlen, zu denken und zu kommunizieren, ist ein hochkomplexes wissenschaftliches Thema.

Es darf unter keinen Umständen vereinfacht oder nur aus geistlicher Perspektive betrachtet werden. Die Sportpsychologie ist nur ein Teil des hochkomplexen Themas ‚Wie tickt der Mensch und warum?'.

Doch die Wissenschaft kann nur mit dem Material arbeiten, das sie von der Natur an die Hand bekommen hat. Und da komme ich an Gott nicht vorbei. Auch das ist leicht gesagt. Denn selbst wenn man die Seele theologisch anhand der Bibel reflektiert, wird es sehr vielfältig, die Autoren sind sich nicht immer einig. Auch ein schönes Zeichen dafür, dass die Seele den Poesiealbumspruch ‚Willst du was gelten, mach dich selten' perfektioniert hat.

Im jüdischen Glauben ist es verboten, den Gottesnamen auszusprechen. Der hebräische Name für Gott lautet JHWH, und genau diese Laute sind für die Juden tabu. Sie umschreiben Gott

mit vielen anderen Begriffen, wie zum Beispiel Adonai, das bedeutet: „mein Herr".

Eine jüdische Überlieferung besagt, dass die Juden, und eigentlich alle Menschen, den Namen von JHWH auch gar nicht aussprechen müssen. Vielmehr leben sie ihn im ganz natürlichen Ein- und Ausatmen. Das bedeutet: Wir Menschen atmen den Namen Gottes ständig ein und aus. Wir können ohne JHWH gar nicht leben. Er strömt in unseren Körper herein und wieder hinaus. Buchstäblich vom ersten bis zum letzten Atemzug.

Und was dann mit unserer Seele passiert, das weiß nur Gott. Und ich vertraue ihm, dass er gut darauf aufpasst.

Zugegeben: Das ist ein Ansatz, der alle Menschen vereinnahmt. Auch die, die mit Gott gar nichts zu tun haben möchten.

Aber er gefällt mir viel besser als ein Erklärungsversuch, der einige Menschen von vorneherein ausschließt.

Seele bedeutet Leben.

Beweisbarer wird die Seele dadurch nicht. Aber es tut gut, sie so zu spüren. Mit ihr zu leben und damit Gott nah zu sein.

Einatmen.

Ausatmen.

Gott nah sein.

Das ist übrigens auch eine Art Mentaltraining. Gott atmen. Das geht auch ohne spezielle Übung. Denn Gott atmen bedeutet für mich, dass ich mir bewusst mache, dass Gott mich geschaffen hat und mich liebt.

Egal, ob ich einen Elfmeter verschieße oder das Ding in die Maschen haue.

Egal, ob ich heute gut oder schlecht trainiert habe.

Und an der Stelle kommt die christliche Non-Profit-Sportorganisation SRS e. V. wieder ins Spiel. Denn das, was SRS von anderen Sportorganisationen unterscheidet, ist, dass sie zusätzlich zu dem üblichen Training auch geistliches Training für die Seele anbietet.

Training nicht im Sinne von ‚Höher – schneller – weiter‘, sondern im Sinne von ‚Entspann dich, du bist geliebt‘.

So wie du bist.

Und das ist manchmal viel schwieriger zu akzeptieren als ein anstrengender Trainingsplan.

LETTZE CHANCE?

Im Mai 2015 endete für mich die Zeit beim Hamburger SV. Nachdem ich zu Beginn der Saison mit den Profis trainiert hatte und auch zu Testspieleinsätzen kam, wurde ich im Laufe der Saison nur in der U23 eingesetzt. Anfang Juni des gleichen Jahres erhielt ich zum ersten Mal eine Einladung in das U21-Nationalteam Österreichs. Das war eine große Chance für mich. Gott sei Dank verliefen die ersten Trainingstage sehr gut, und so teilte mir der Trainer mit, dass ich im ersten Spiel gegen Bulgarien in der Startaufstellung stehe.

Einige Stunden vor dem Spiel war ich sehr angespannt, da mir bewusst war, dass dieses Spiel vielleicht meine letzte Chance ist, in diesem Sommer noch ein gutes Angebot von einem anderen Verein zu bekommen. In dieser Drucksituation half mir das Versprechen Gottes in der Bibel (Röm 8,28) sehr, dass er den perfekten Plan für mein Leben hat. Ich betete zu Jesus für die nötige Kraft und Konzentration. So konnte ich meine Anspannung bei Gott im Gebet ablegen und mit der nötigen Lockerheit zum Spiel fahren. Bereits nach fünf Minuten schenkte es Gott, dass ich das 1 : 0 für mein Team erzielen konnte. Später in der zweiten Halbzeit steuerte ich auch noch einen Assist zum 3 : 1-Endstand bei. Ein sehr gelungenes Debüt, und nur wenige Tage später bekam ich ein Angebot vom SV Grödig (damals 1. Bundesliga Österreich).

Foto: (c) GEPA-pictures.com

Christian Derflinger (*1994, Linz/Österreich)
ist Fußballprofi / offensives Mittelfeld.

Bisherige Vereine: LASK Linz Jugend, Bayern München
Jugend/U17/U19/II, Hamburger SV II, SV Grödig,
SpVgg Greuther Fürth

#Gewonnen

Etappenziel erreicht

Was für ein Kampf. Ich sitze in der Kabine und starre ins Leere. Die Jungs um mich herum feiern. Ich nicht. Der Sieg war nicht glorreich, sondern glücklich. Entschieden durch einen Moment. Eine Unaufmerksamkeit des gegnerischen Abwehrspielers. Und durch eine blitzschnelle Reaktion unseres Stürmers. Klar freue ich mich. Wir haben mit den Fans gefeiert, und auch bei den Interviews nach dem Spiel habe ich meine Freude verbalisiert.

Aber mir ist wieder neu bewusst geworden, wie kleinteilig dieses Spiel geworden ist. Welche Minifaktoren über Sieg und Niederlage entscheiden. Und dann? Unser Gegner ist heute ausgeschieden. Ein Mitfavorit kann seine Zelte abbrechen. Diese Gedanken schießen mir nach dem Triumph durch den Kopf. Keine Sorge, ich werde schon feiern. Aber diesen Moment brauche ich für mich, um über die Bedeutung von Sieg und Niederlage nachzudenken. Und dann fokussiere ich mich auf das nächste Spiel. Wir sind noch nicht am Ziel.

Ich liebe Fußball. Und du bist dem Sport anscheinend auch nicht abgeneigt, denn ansonsten würdest du wahrscheinlich nicht in diesem Buch stöbern.

Warum es bei mir gerade der Fußball ist, kann ich gar nicht so genau erklären. Man sucht sich seinen Lieblingssport nicht aus. Besonders fasziniert mich ein Merkmal, welches der Fußball als Sportart gar nicht exklusiv gebucht hat: Es ist die Magie des einen Moments, der ein Spiel entscheiden kann.

Der Moment, der den sicher geglaubten Sieger zum Verlierer macht. Der Moment, in dem aus einem unscheinbaren Spieler ein Star wird, oder der Moment, der uns Fußballfans noch Jahrzehnte in Erinnerung bleibt. Und das müssen gar nicht immer die großen Finals sein.

Ich schaue mir seit Jahren in unregelmäßigen Abständen ein besonderes Tor von einem besonderen Spieler an:

Arjen Robben, Spieler des FC Bayern München, schoss am 7. April 2010 im Viertelfinalrückspiel der UEFA Champions League gegen Manchester United den Anschlusstreffer zum 2 : 3.

Ein spektakuläres Tor. Franck Ribery, sein Mitspieler, schlug eine Ecke nicht wie gewohnt in Richtung Elfmeterpunkt oder Fünfmeterraum, sondern zirkelte den Ball weiter, über den Sechzehnmeterraum hinaus, zu Arjen Robben, der ihm vorher signalisierte: Hier, spiel mich an. Eigentlich eine aussichtslose Position, denn den Ball aus der Perspektive in Richtung Tor zu bekommen ist schwer und bedarf einer hohen technischen Fähigkeit sowie einer ordentlichen Portion Glück.

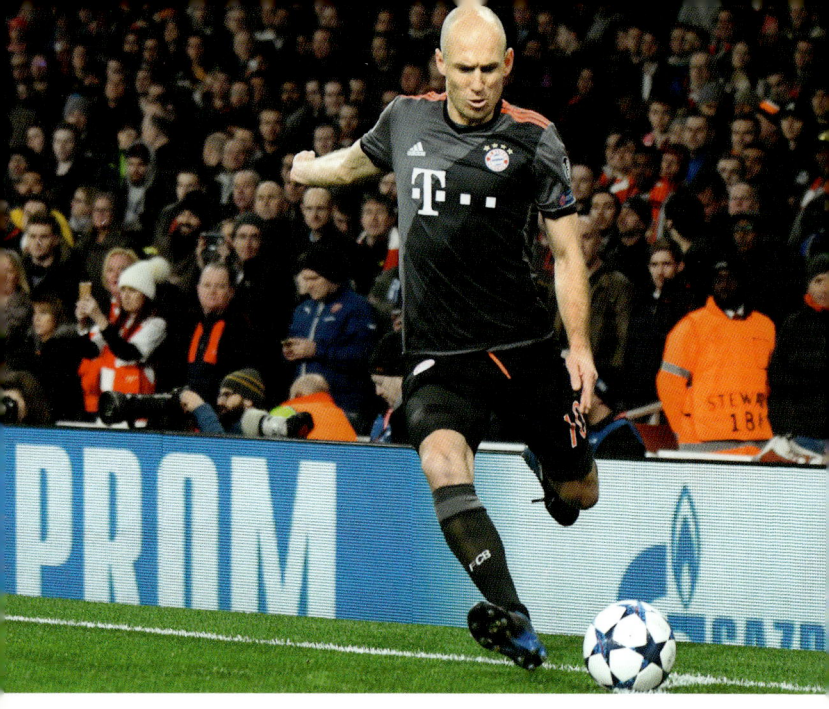

Arjen Robben hatte beides. Er nahm den Ball volley und traf.

Damit hatte er nicht nur einen sensationellen Treffer erzielt, sondern seinen Verein trotz Niederlage ins Halbfinale bugsiert. Denn dank eines ordentlichen Hinspielerfolges konnte sich der FC Bayern eine Niederlage leisten.

Was für ein Moment!

Und da gibt's noch so einige andere:

I. „Andi, wenn du den reinmachst, dann sind wir Weltmeister", soll Rudi Völler im WM-Finale 1990 gegen Argentinien zu Andreas Brehme gesagt haben. Da stand der schon am Elfmeterpunkt und versuchte, sich zu konzentrieren. Zu spielen war nicht mehr lange. Das wussten auch die Gegner. Deshalb setzten die alles daran, den deutschen Finalhelden zu beeinflussen.

Trotzdem konterte Brehme trocken: „Danke für den Hinweis, mein Freund. Das weiß ich auch."

Und dann: ein Schuss. Unten links. Unhaltbar für den Torwart. Deutschland wurde Weltmeister.

Und Andreas Brehme sagte mal in einem Interview: „Es gibt keinen Tag, an dem ich nicht auf dieses Finale angesprochen werde. Egal, ob beim Einkaufen, am Flughafen oder irgendwo im Stadion."

Ein Moment für die Ewigkeit.

2. Es war die alte Bolzplatzregel, die das Spiel entschieden hat: Wer das letzte Tor schießt, der hat gewonnen.

Das Golden Goal von Oliver Bierhoff bei der EM 1996. Hier wurde ‚der Moment' quasi als Regel verordnet. Und die besagte: Wenn es in der K.o.-Runde nach 90 Minuten keinen Sieger gibt, dann geht es in die Verlängerung. Wer hier das erste Tor schießt, gewinnt das ganze Match.

Und das war Deutschland. Gegen Tschechien. Das 2 : 1 geht nicht als das schönste Tor in die Geschichte ein, aber als ein entscheidendes.

Es war das erste Golden Goal bei einer Europameisterschaft. Und auch das letzte. Denn die Regel wurde bald darauf wieder zurückgenommen. Oliver Bierhoff selbst hat den Moment als „eine Explosion der Gefühle" wahrgenommen.

Ein Moment, der bleibt.

3. Der Moment, an dem ich an einem Sommerabend 1992 endgültig wusste, dass Deutschland das EM-Finale gegen Dänemark mit 0 : 2 verloren hatte. Ich war damals 13 Jahre alt und am Boden zerstört. Bis zur letzten Sekunde habe ich noch daran geglaubt, dass Deutschland dieses Spiel nicht

verlieren kann. Erst mit dem Schlusspfiff wurde es zur schrecklichen Gewissheit.

In dem Alter kann so ein verlorenes Finale zur existenziellen Krise führen. Ich habe geheult, weil ich zu dieser Zeit ein fanatischer Fußballfan war. Es war die absolute Katastrophe.

4. Im März 2016 ist es bei einem Bundesligaspiel zwischen Borussia Dortmund und Mainz 05 zu einem tragischen Zwischenfall gekommen. Ein BVB-Fan hatte auf der Tribüne während des Spiels einen Herzinfarkt erlitten und war gestorben. Die Nachricht verbreitete sich noch während des Spiels im ganzen Stadion.

Die schwarz-gelben Anhänger auf der Südtribüne verzichten in der zweiten Hälfte auf ihre Anfeuerungsrufe. Auch die Mainzer schließen sich dem an. Bei einem BVB-Tor wird nicht gejubelt, keine Musik gespielt und nicht gefeiert. In den letzten Minuten des Spiels singt das komplette Stadion die Fußballhymne ‚You'll never walk alone'.

BVB-Präsident Reinhard Rauball sagt hinterher im SKY-Interview: „Ich habe noch nie erlebt, dass Zuschauer ihre Trauer, die Art und Weise, wie man mit Kollegen umgeht, den Respekt vor dem Tod so geschlossen demonstrieren. Das ist etwas, das noch nie dagewesen ist. Da kann ich allen nur ein Kompliment machen. Die Bilder, die man gesehen hat, kann man mit Worten nicht beschreiben. Wir haben nicht nur gute Zeiten mit den Fans. Aber da sieht man, wie tief Ehre und Respekt vor dem anderen verwurzelt sind."

Dieser Moment, der eigentlich gar nichts mit dem Fußball zu tun hat, zeigt wunderbar, wie schnell Fußball in Sekundenschnelle zur absoluten Nebensache werden kann. An einem Ort, an dem es sonst nur um Fußball geht.

Halte mal kurz inne und denk nach:

Kannst du dich an einen solchen Moment in deinem Leben erinnern? An dem es auf einmal um Leben und Tod ging?

Entschuldige, dass ich direkt so tief einsteige, aber genauso wie sich im Fußball die ganze Szenerie von einem auf den anderen Moment ändern kann, läuft es, wenn das Leben Regie führt. Manchmal Fair Play und manchmal Foul.

Bei mir war es der Moment, als der Arzt meiner schwangeren Frau vor mehreren Jahren bei einer Routineuntersuchung eröffnete: Es kann sein, dass ihr Kind mit einer Behinderung zur Welt kommt.

Meine Welt geriet ins Wanken.

Komplikationen zwangen meine Frau nun immer öfter zum Arzt, eines Tages wurde sie sogar ins Krankenhaus eingewiesen. Meine Frau wird von einem Spezialisten untersucht. Während der Untersuchung stellt der Arzt fest, dass das Herz unseres Babys nicht mehr schlägt.

Ein OP-Termin wird vereinbart, und wenige Tage später hole ich meine Frau aus dem Krankenhaus ab. Nur meine Frau.

Der Alltag hat uns wieder, und das Leben muss weitergehen.

„Wie unfair" war noch das Harmloseste, was ich damals gedacht habe. Und dieser Gedanke war nicht in einen luftleeren Raum gerichtet, sondern an Gott.

Denn ich glaube nicht, dass wir zufällig hier sind, sondern dass Gott uns geschaffen hat. Jeden einzelnen Menschen. Ich glaube auch, dass er uns liebt und dass er das Beste für uns möchte. Dieser Gedankengang ist relativ entspannt nachzuvollziehen, wenn es rundläuft im Leben. Wenn alles perfekt läuft, außer dem ein oder anderen kleinen Malheur.

Aber wenn es kritisch wird, dann fällt es schwer, in all den schwarzen Tagen an einen liebenden Gott zu glauben.

Warum lässt Gott Leid zu?, ist eine oft gestellte Frage, auf die wir keine Antwort bekommen. Das ist frustrierend. Das tut weh. Punkt.

Alle Erklärungsversuche verursachen einen faden Beigeschmack und tragen nicht. Bei niemandem.

Der Grund, warum ich trotzdem weiterhin an Gott glaube, ist die Tatsache, dass er, also Gott, damals mit uns geschwiegen hat. Wie die ‚Gelbe Wand', die Dortmunder Südtribüne.

Alles andere hätte ich von ihm auch nicht akzeptiert.

Ich bin sehr froh, dass uns in dieser Situation niemand sagte: „Hey, ihr habt doch schon zwei wunderbare Töchter. Sie sind gesund. Ist doch nicht so schlimm." Ich ahne zwar, dass es noch weit mehr wehtut, wenn man keine Kinder hat und ein Kind verliert, aber ich bin trotzdem traurig. Unendlich traurig.

Denn wir haben ein Kind verloren. Punkt. Wir trauern. Und Gott trauert mit. Wie die BVB-Fans.

Alles andere hätte ich von ihm auch nicht akzeptiert. Ich bin so dankbar, dass uns niemand mit einem Bibelvers oder einem Satz

nach dem Motto „Euch werden alle Dinge zum Besten dienen!"
oder „Für irgendetwas wird es schon gut sein" zugetextet hat.
Das hätte unheimlich wehgetan.

Denn selbst wenn das stimmt: Ich will und kann das nicht
hören. Gott sagt nicht: „Ja, Daniel … weißt du, das verstehst du
zwar nicht, aber glaube mir, ich mache keine Fehler."

Gott ist einfach nur da. Und das beruhigt mich. Viele Menschen sind für uns da und fragen mit uns: Warum?

Diese Menschen spiegeln für mich Gott wider. Sie sind ein
Geschenk. Das tröstet. Ich frage mich, woher ich eigentlich die
Gewissheit nehme, dass diese tollen Menschen um mich herum
ein Zeichen von Gott sind?

Woher weiß ich, dass Gott mit mir schweigt und trauert und
da ist!?

Für einige klingt das nach Einbildung oder einer psychischen Handlung des Unterbewusstseins.

Für einen Menschen wie mich, in einer Krise, einer Grenzerfahrung, ist es der allmächtige Gott, den ich nicht verstehe, an den ich so viele Fragen habe, an den ich mich aber klammere, der die Situation nicht löst, der es jedoch möglich macht, dass ich mit der Situation umgehen lerne.

Und ich glaube daran, dass das Leben hier auf dieser Erde nicht das Ende ist.

Ich glaube an das ewige Leben.

Es ist eine reine Glaubensfrage. Ich kann mir beim besten Willen nicht vorstellen, dass mit dem Tod alles vorbei ist. Ich glaube, dass Gott uns Menschen geschaffen, er als Mensch unter uns gelebt hat und dass er uns für immer bei sich haben möchte.

Ich lebe gerne!

Hier.

Jetzt.

Und trotzdem glaube ich an diese ewige Heimat, denn mir kann auch niemand das Gegenteil beweisen. Außerdem hilft mir die Idee von einem Leben nach dem Tod schon jetzt. Dadurch habe ich nämlich Hoffnung, die lieben Menschen wiederzutreffen, die meine irdische Heimat schon verlassen haben.

Meine Oma, meine Mutter, meinen Bruder und meine Tochter.

#WM-Bonus

Die persönliche WM-Challenge

Wie wäre es, wenn du in diesem Sommer nicht nur ein neues Deutschlandtrikot kaufst, sondern das Fußballgroßereignis nutzen würdest, um etwas mehr Internationalität und Relevanz in dein Leben zu bringen?

Hier sind schon mal drei Tipps, wie das gehen könnte:

1. Steh beim ersten Spiel der deutschen Nationalmannschaft zu der Nationalhymne auf und sing lauthals mit. Aber nicht die deutsche Hymne, sondern die der Niederländer. Ein bisschen Solidarität muss sein.

Hier der Text der ersten Strophe
(weiter wirst du wahrscheinlich eh nicht kommen):

> Wilhelmus van Nassouwe
> ben ik, van Duitsen bloed,
> den vaderland getrouwe
> blijf ik tot in den dood.
> Een Prinse van Oranje
> ben ik, vrij onverveerd,
> den Koning van Hispanje
> heb ik altijd geëerd. [14]

2. Für jedes Tor eine gute Tat
Vergiss die Trinkspiele nach dem Motto ,Für jedes Tor eine Runde für alle'.
Schau dir ein Spiel an und verabrede vorher:
Für jedes Tor mache ich etwas Sinnvolles.

Zum Beispiel:

- Ein Besuch im Altenheim. Einfach nur quatschen oder vorlesen. Geschenkte Zeit ist unheimlich wertvoll. Das geht natürlich auch mit Menschen in deinem Umfeld. Ein Besuch bei Tante Erna, einfach so.

- Die Idee vom ,geschenkten Kaffee' in die Tat umsetzen. Beim nächsten ,Coffee to go' einfach einen mehr bezahlen. Der kommt dann einem Bedürftigen zugute. Weitere Infos unter www.suspendedcoffee.de.

- Menschen, die es gar nicht erwarten, überraschen. Mit einem anonymen Gutschein fürs Kino oder einem Abendessen zu zweit, zu viert, zu acht.

- …

3. Welcher WM-Teilnehmer hat die beste Küche zu bieten? Schnapp dir deinen persönlichen Favoriten und koche vor dem Spiel landestypisch.

Italienisch? Pasta? Das ist ja schon fast langweilig.

Wie wäre es mit einer Erdnusssuppe aus Nigeria?

Hier das Rezept für sechs Personen:
2 EL Butter
2 mittelgroße Zwiebeln, fein gehackt
2 mittelgroße Tomaten, gehackt
2 EL Mehl
1 Liter Hühnerbrühe
2 Tassen Erdnüsse, fein gehackt
2 Tassen Milch
Salz und Pfeffer

Zubereitung:
Butter im Kochtopf schmelzen, Zwiebel- und Tomatenwürfel darin anbraten. Mehl einrühren, kurz schwitzen, dann die Hühnerbrühe unter Rühren langsam zugeben, aufkochen lassen. Erdnüsse und Milch zugeben und etwa 15 Minuten leise köcheln lassen, abschmecken. [15]

Übrigens: Die Tipps funktionieren auch nach der WM noch. Ein Anlass lässt sich immer finden.

Viel Spaß!

EIN WELTMEISTERLICHER MOMENT

Charkiw, Ukraine. Tiefster Winter, -10° Celsius. Als Reporter bin ich für Sky im Auslandseinsatz – gemeinsam mit dem Team von Bayer Leverkusen. Europa-League-Abenteuer im Osten. Wir reisen einen Tag eher an, und schon bei der Passkontrolle wird klar: Auch für die Ukrainer gibt es nur „eiiiiiin' Rudi Vööööööller"! Der Sportdirektor ist der absolute Star der Gastmannschaft, jeder einzelne Zollbeamte will ihm persönlich die Hand schütteln. Doch Rudi ist nicht nur weltberühmt, mein Jugendidol ist auch weltmeisterlich entspannt.

Als wir beim Abschlusstraining über seine Ukraine-Erlebnisse als Exbundestrainer plaudern – er, Kommentator Marco Hagemann und ich –, kommt ein Ordner nach dem anderen, kommen Platzwart, Mannschaftsbetreuer und Sicherheitsbeamte, um ihr Erinnerungsfoto zu schießen. Und was macht Rudi? Mit unnachahmlicher Seelenruhe und Engelsgeduld bedient er alle, einen nach dem anderen. Wirklich jeder bekommt sein Foto und den weltmeisterlichen Arm um die Schulter. Und all das nicht nur im Akkord, sondern ohne ein einziges Mal den Blickkontakt zu uns als seinen Gesprächspartnern zu verlieren. Umarmung und Selfie mit links, während er sich einfach weiter mit uns unterhält. Das können nur die ganz Großen. Die Weltmeister.

Tim Niedernolte (*1978, Bünde/Westfalen)
ist Fernsehmoderator beim ZDF (drehscheibe deutschland und hallo deutschland), ehemaliger Oberligatorwart
beim Halleschen FC und war bis 2012 Bundesliga-,
UEFA-Champions-League und Europa-League-Reporter
bei Sky

#WM-Bonus 2

Angeberwissen

Brasilien, Spanien, Argentinien, England und Deutschland sind immer präsent. Die großen Fußballnationen bekommen schon genug Aufmerksamkeit. Hier erfährst du einige interessante Infos über die Länder, die bei der WM in Russland teilnehmen und fußballerisch sonst eher nicht so im Fokus stehen.
Mit diesem Wissen glänzt du garantiert.

Wusstest du schon, dass ...

> ... sich Russland als eigenständiges Land und nicht als Teil der Sowjetunion erst dreimal für eine Fußball-WM qualifizierte und dabei nie über die Vorrunde hinauskam?

> ... Islands traditionelle Sportart Glima, eine Art Ringen, ist? Dabei dürfen sich die Kämpfer nur an ihren Gürteln packen und müssen versuchen, ihren Gegner aus dem Gleichgewicht zu bringen.

> ... Uruguay die erste Fußballweltmeisterschaft überhaupt gewann? Das war 1930, und die Gewinner waren gleichzeitig auch die Gastgeber.

> ... Japaner für alle Feiertage, die auf einen Sonntag fallen, einen freien Tag extra bekommen? Am darauffolgenden Montag haben sie ebenfalls frei. Und den Tag, der zwischen zwei Feiertage fällt, ebenfalls. Wahrscheinlich würde es auch einen freien Tag geben, wenn Japan überraschend die WM gewinnen würde.

… Panama ordentlich Glück hat, dass es bei der WM 2018 dabei sein darf? Im letzten Qualifikationsspiel gegen Costa Rica wird der Ball nach einer Ecke ganz klar ins Toraus befördert, ohne vorher die Torlinie überquert zu haben. Der Schiedsrichter wertet die Aktion als Tor. Damit steht es 1 : 1. Panama gewinnt später noch mit 2 : 1.

… Mexiko einige WM-Rekorde hält? Sie haben die meisten Qualifikationsspiele bestritten (Stand September 2017). Sie haben die meisten Niederlagen einstecken müssen: 25 in 53 Spielen. Und Mexiko spielte am häufigsten ein WM-Eröffnungsspiel.

… Ägypten als erste Mannschaft des afrikanischen Kontinents an einer Fußball-WM teilnahm? Das war 1930 in Uruguay. Leider scheiterten sie direkt in der ersten Runde mit 2 : 4 an Ungarn.

Bildnachweis

fotolia

Kapitelanfang Hintergrund S. 8, 22, 32, 44, 58, 72, 84, 96, 108
mityay_pg,
Kapitelanfang Fußball S. 9, 23, 33, 45, 59, 73, 85, 97, 109 Salome,
S. 10 Daniel Ernst, S. 11 lassedesignen, S. 13 magele-picture,
S. 14 dimiRamos, S. 17 oben xixinxing, unten naito8,
S. 18/19 Sergey Nivens, S. 20/21 Hintergrund armo,
S. 24 estradaanton, S. 26 matimix, S. 28 auremar,
S. 33 Thomas Bethge, S. 34 kubra konca, S. 37 ALAIN VERMEULEN,
S. 41 LIGHTFIELD STUDIOS, S. 42/43 sidorovstock,
S. 46/47 Sergey Nivens, S. 49 Sergey Nivens,
S. 52/53 alle Sergey Nivens, S. 55 efks, S. 56/57 Sergey Nivens,
S. 60 tuiphotoengineer, S. 61 PixelboxStockFootage,
S. 62/63 Vitaly Krivosheev, S. 65 DOC RABE Media,
S. 67 drubig-photo, S. 70/71 Sergey Nivens, S. 73 robodread,
S. 74 Focus Pocus LTD, S. 76 links Halfpoint, rechts
Andreas Berheide, S. 78 openwater, S. 80 zzooby,
S. 82/83 Sergey Nivens, S. 86 msanca, S. 88 naito8,
S. 91 jozefmicic, S. 93 gpointstudio, S. 100 beide olly, S. 102 olly,
S. 106/107 Sergey Nivens, S. 113 Syda Productions,
S. 117 Sergey Nivens,
Hintergrund S. 118/119, 120/121, 124/125 Thomas Bethge,
S. 121 FomaA, S. 127 sidorovstock

shutterstock

S. 98 Photo Works, S. 110 CosminIftode, S. 115 Ververidis Vasilis

Quellen

1   www.blog.fernuni-hagen.de

2   https://www.umsetzungsberatung.de/lexikon/professionalitaet.php

3   http://www.sport1.de/fussball/2-bundesliga/2017/05/
    irre-kabinen-rede-von-arminia-bielefeld-co-trainer-auf-youtube

4   https://www.dfb.de/trainer/artikel/die-mannschaftsbesprechung-
    vor-dem-spiel-313/?no_cache=1

5   Quelle: https://www.express.de/22998740

6   http://www.handelsblatt.com/sport/fussball/koepfe-die-marke-
    markus-merk-seite-3/2635556-3.html

7   http://www.kicker.de/news/fussball/bundesliga/startseite/561161/
    artikel_rafati_die-erklaerung-im-wortlaut.html

8   http://www.spiegel.de/sport/fussball/babak-rafati-spricht-ueber-
    seinen-suizidversuch-vor-fuenf-jahren-a-1121967.html

9   Ich. Erfolg kommt von innen. Oliver Kahn, riva Verlag,
    Zweite Auflage 2008, S. 6

10 SRS Magazin einsatz 02/2017

11 Quelle: ‚Die Zeit'

12 http://www.deutschlandfunkkultur.de/der-zweite-gegner-wenn-der-kopf-
    beim-sport-im-wege-steht.966.de.html?dram:article_id=325418

13 Ebd.

14 http://www.bpb.de/internationales/europa/europaeische-union/
    170538/hymne-der-niederlande

15 http://www.chefkoch.de/rezepte/658951167725747/Erdnuss-
    Suppe-aus-Nigeria.html?portionen=6